EL REGALO

Por

Allen César Sueiro

Titulo: El Regalo

Edición: Primera impresión

Autor: Allen Cesar Sueiro

Año de publicación: 2010

Idioma original: Español

Publicado por:

Fundación Mundial de Meditología / FMM

PO. Box 195016 San Juan PR. 00919

Teléfono: 787-754-2057

Sitio en internet:

www.meditologia.org / www.meditology.org

La Fundación Mundial de Meditología es una organización sin fines de lucro que fue creada con el propósito de asistir a todos los seres humanos a encontrar la felicidad y a promover la conservación de nuestro planeta y nuestra especie. Cualquier persona que desee contribuir o formar parte de los proyectos benéficos de la fundación puede hacerlo contactándonos a través de nuestra página cibernética.

Sinopsis

El Regalo une elementos esenciales de diferentes disciplinas y filosofías como la Psicología, la Meditación, el Yoga, la Ejercitación, la Metafísica y la Espiritualidad para crear una disciplina nueva en el área del desarrollo personal y la motivación. A esta disciplina la denominamos, *Meditología*.

La Meditología expone que alcanzar la felicidad y lograr tus sueños económicos o espirituales es posible a través del desarrollo de una mente clara. El Regalo revela todos los conceptos y técnicas que debemos utilizar para alcanzar dicha claridad mental y lograr el éxito en cualquier área de nuestras vidas.

INDICE

¿QUE PUEDE HACER ESTE LIBRO POR TI?

Gran parte de la información ilustrada en El Regalo fué escrita en los últimos 3000 años por intelectuales, sacerdotes y hombres sabios de diferentes épocas y culturas. Por otra parte, esta información se considera moderna, porque ha sido estructurada para aplicarse al tiempo actual del siglo XXI.

La información que encontrarás en El Regalo, te brindará el poder de la Claridad Mental, pero solamente, si ésto es lo que deseas. La claridad mental es necesaria para encontrar la paz y armonía dentro de tu conciencia, y para hacerte capaz de proyectar esa armonía hacia tu ambiente cotidiano.

La Claridad Mental te permitirá disfrutar de satisfacción y felicidad, ahora, en el presente, mientras recorres un camino de armonía y paz, al resto de tus metas y tus objetivos en la vida. Con Claridad Mental, tendrás el poder de influenciar positivamente todos los aspectos de tu vida y consecuentemente, lograr con gran facilidad todas las metas espirituales y económicas que desees.

El Regalo, expandirá tu capacidad mental y te guiará a una vida maravillosa, llena de satisfacción, éxito, y riqueza, para compartirla con todos tus seres queridos. En fin, El Regalo te proveerá con el Poder Divino de la Claridad Mental.

DEDICATORIA

Este libro se lo he dedicado a mi hija Angelic con el fin de que tenga una guía para manejar las situaciones que se le presentarán en la vida.

También dedico este libro a mis padres, Bob Sicilo y Norma Valley que siempre me han apoyado en mi exploración de la vida y especialmente en los momentos más difíciles de la misma.

A mis hermanos Roby y Josy, que compartieron mi niñez e hicieron de ésta una muy alegre, divertida y feliz.

Los amo a todos,

Allen

Mensaje Del Autor

Soy un hombre como cualquier otro, experimentando la vida y coleccionando experiencias que me han hecho reír y llorar. Tengo el propósito de llegar al final de mi vida, satisfecho y complacido de haber atravesado por este mundo. Este libro es parte de cumplir con éste propósito y por tal razón, he depositado todos mis esfuerzos y mis conocimientos en la creación de esta publicación.

Las ideas y opiniones aquí presentadas están expresadas específicamente desde mi punto de vista y según yo las he vivido y experimentado. Los términos que utilizo están expuestos en base a mi interpretación de su definición y no necesariamente en la definición literal de los mismos.

En el glosario encontrarás la definición de la mayoría de los términos que se utilizan a continuación. Existe un gran número de publicaciones relacionadas con el contenido de este libro y las mismas están identificadas en la sección de referencias. Prepárate para disfrutar una aventura en la exploración de tu propia conciencia.

Que la dicha, el amor y la abundancia estén contigo, te desea,

Allen Cesar Sueiro, Autor.

Introducción

La mayor parte de los seres humanos llegan a un punto en su vida, donde deciden buscar respuestas a preguntas sobre su propia existencia. Cuando me encontré en ese momento, comencé a estudiar todo lo que encontré a mi alcance para obtener las respuestas que buscaba. Dediqué los últimos diez años de mi vida a esta búsqueda y este libro es el resultado de la misma.

En ese tiempo experimenté con diversas religiones, técnicas de control mental, filosofías, temas de autoayuda y motivación personal. Esta investigación me permitió llegar a la conclusión de que todas las disciplinas o filosofías anteriores tratan de identificar y aclarar las siguientes interrogantes:

1- ¿Cómo alcanzar la felicidad?

2- ¿Cómo lograr tus metas económicas y espirituales?

3- ¿Cómo vivir en paz con uno mismo y el prójimo?

4- ¿Cuál es el propósito de la vida?

5- ¿Qué es el espíritu o el alma?

6- ¿Qué es Dios?

Todo ser humano se hace estas preguntas en algún momento de su vida, normalmente cuando atraviesan por dificultades o problemas. En este libro expongo los conceptos y técnicas que he experimentado positivamente en los últimos 10 años, sobre estas interrogantes. Mi experiencia estudiando y aplicando estas técnicas, disciplinas y filosofías ha sido una reveladora y maravillosa, ya que me ha permitido descubrir como vivir una vida feliz y como alcanzar mis propias metas. También me ha permitido conocerme a mí mismo y comprender el comportamiento de los demás seres humanos.

Finalmente logré conocer mi propio ser y cuál es el propósito de mi existencia en la tierra. La información que leerás a continuación ha sido un regalo que han hecho muchas personas sabias a este mundo y la considero un tesoro invaluable.

Yo he recibido este regalo de sabiduría y deseo que tú también lo recibas. Por esta razón le he llamado a esta publicación, *El Regalo*.

La realidad es que la vida no es un cuento de hadas,

donde todas las experiencias que vivimos son maravillosas y libres de toda preocupación. La vida está llena de retos, dificultades y decepciones que encontramos en el camino, para alcanzar nuestros deseos y objetivos. Los objetivos principales de la sociedad en general son: satisfacer el ego, los excesos, el consumismo, los placeres, el sexo, los vicios, el amor y el dinero.

La mayor parte de la población asegura que lograr lo anterior es el sinónimo de la felicidad. Así nos muestran las películas, los comerciales y las propagandas para manipularte a comprar un artículo nuevo o de lujo. La realidad es que nada está más lejos de lo cierto. Irónicamente el ego, el materialismo y los sueños de éxito se convierten en una realidad muy dolorosa para muchos seres humanos, cuando se les hace imposible disfrutarlos según sus expectativas.

Abrazamos la decepción y no comprendemos porqué no podemos lograr nuestros sueños y alcanzar la felicidad. Esta paradoja es precisamente lo que lleva a muchos seres humanos a buscar una perspectiva diferente en la vida y a tratar de encontrar el porqué de esta cruda realidad.

Si te parecen familiares algunas de estas expresiones, no te alarmes, porque no estás solo. Yo también fui una de estas personas y estuve en el mismo lugar. También te aseguro que existen muchas formas de mejorar esta situación y de encontrar la felicidad y el éxito en tu vida. Te contaré cómo fué mi historia.

En mi realidad, me preguntaba constantemente porqué mi estilo de vida de placeres y excesos ya no me satisfacía; pero después, seguía haciendo exactamente lo mismo que antes, esperando un resultado diferente que nunca llegaba. Mi falta de satisfacción continuaba y no entendía el porqué de esa situación. Gradualmente abandoné mis esfuerzos de progreso económico y me dediqué únicamente a satisfacer mis placeres, con el propósito de evitar la incomodidad que sentía y llenar mi vacío emocional con entretenimiento. Analizándolo desde mi posición actual, era obvio el sabotaje inconsciente que estaba llevando a cabo en mi vida, pero en aquel momento no era obvio.

Esta forma de pensar y actuar me llevó a dos divorcios, la bancarrota, el sobrepeso, la depresión, la ansiedad y el deterioro de mi salud a causa del uso excesivo del tabaco y el alcohol. No fué hasta entonces que me convencí de que estaba equivocado. En ese momento comencé a buscar las respuestas a mi comportamiento y a mis sentimientos. Las respuestas que encontré en esta búsqueda son las que presento a través de este libro.

Finalmente, logré encontrar las contestaciones que buscaba. Encontré la razón de mis fracasos en relaciones amorosas, la causa de mis problemas económicos, la solución a mis problemas de salud física y emocional, la solución a mi sobrepeso y la motivación para terminar con el uso excesivo del tabaco y el alcohol.

En fin, encontré la fuerza de voluntad para cambiar totalmente mi estilo de vida. Estas respuestas cambiaron mi vida de una experiencia muy dolorosa a una aventura alegre, placentera y feliz. La búsqueda no fué fácil porque la mayor parte de las respuestas que particularmente buscaba, estaban escondidas muy dentro de mí. Aprendí sobre muchos temas que descarté y temas que conservé, pero en esencia todas mis preguntas y preocupaciones quedaron aclaradas a mi satisfacción.

El Regalo es el resultado de estas respuestas y la conclusión parcial de mi búsqueda en esta etapa de mi vida, porque finalmente encontré la salud física, mental, espiritual y emocional que tanto añoraba. Sin duda alguna, habrá otros retos que voy a encontrar en mi presente y en mi futuro, pero ahora tengo el conocimiento que necesito para afrontarlo positivamente. Ahora experimento una vida feliz, en la que es posible alcanzar todos mis sueños de éxito espiritual y económico.

Yo espero que esta información enriquezca tu vida tanto como ha enriquecido la mía.

Descripción del Contenido

El Regalo se divide en 7 secciones, según se ilustran a continuación. Las secciones se han estructurado para que funcionen en una forma gradiente. Esto significa que se han diseñado para leerlas en el orden presentado y de esta forma obtener la mayor comprensión de la información ilustrada.

Secciones:

1- El Regalo, la Meditología, las y la Claridad Mental

2- Las 7 Dinámicas de Vida

3- Los Conceptos Básicos de la Vida y la Conciencia

4- Conceptos de Autocontrol Mental

5- Desarrollo Espiritual

6- Principios Básicos de la Felicidad

7- Desarrollo de un Ser Claro

Para facilitar la compresión del material ilustrado, encontrarás a continuación una descripción breve de cada sección.

La sección # 1 nos provee una explicación general del significado de, El Regalo, la Meditología y la Claridad Mental. También explica cómo se relaciona la claridad mental con nuestra felicidad y los objetivos que deseamos alcanzar en nuestra vida.

La sección # 2 ilustra las 7 Dinámicas de Vida. Las dinámicas definen 7 áreas en las cuales los seres humanos desarrollamos nuestras vidas. También nos muestra cómo podemos alcanzar el balance entre estas dinámicas.

La sección # 3 explica los Conceptos Básicos de la Vida y el funcionamiento de nuestra conciencia. Estos conceptos son, La felicidad, el sufrimiento, las emociones y la traducción de pensamientos. Esta sección nos muestra cómo las emociones afectan nuestras vidas y cómo éstas pueden determinar nuestro estado de ánimo y nuestra calidad de vida. También explica como funcionan los mecanismos de la conciencia humana.

La sección # 4 ilustra varios Conceptos de Autocontrol Mental que podemos utilizar para desarrollar el control de nuestros pensamientos y de nuestra conciencia.

La sección # 5 explica el concepto de la Espiritualidad y cómo ésta puede influir positivamente en el desarrollo de nuestra vida.

La sección # 6 ilustra los 7 Principios de la Felicidad que son necesarios para cultivar nuestra claridad mental y alcanzar la felicidad verdadera.

En la sección final # 7 encontraras la explicación práctica de cómo utilizar la meditación para alcanzar el estado Claro. Esta sección también contiene ejemplos e ilustraciones que puedes seguir para poner en práctica los ejercicios de meditación que se utilizan para el desarrollo de la claridad mental.

Recomendaciones

Los temas que se discuten en éste libro pueden tornarse complejos y controversiales cuando se estudian con desesperación o con un punto de vista muy crítico. Es recomendable leer "El Regalo" con paciencia y conservar una mentalidad objetiva mientras estudias todo el material. De esta forma, podrás llegar a comprenderlo claramente. Posteriormente podrás conservar o descartar cualquier idea, técnica o concepto con la seguridad de que ya lo conoces.

Según avanzas en la lectura de cada sección, te darás cuenta cómo se interrelacionan unos temas con los otros y las interrogantes que te surjan se irán contestando paulatinamente. La experiencia es similar a la construcción de un gran rompecabezas, donde la imagen se revela lentamente según vas colocando cada pieza. Si sientes algún tipo tensión, ansiedad o depresión excesiva mientras lees este libro, detente inmediatamente, descansa y relájate pensando en un paisaje natural donde reina la paz y la armonía. Espera al próximo día y continúa tu lectura con paciencia y serenidad.

Sección 1
El Regalo, La Meditología, la Claridad Mental

El Regalo ha sido estructurado utilizando una combinación de artes y disciplinas. Entre éstas existen; filosofía, religión, psicología, meditación, metafísica, ejercitación corporal y ejercicios mentales. La unión parcial y meticulosa de estas artes le da identidad propia a la formación de una disciplina independiente y única que denominamos como la *Meditología*. La palabra Meditología significa; el estudio o práctica de la meditación, el razonamiento y la reflexión, con el propósito de aumentar las capacidades generales del ser humano.

Todos los seres humanos meditamos de alguna forma u otra, para organizar nuestros pensamientos y aclarar nuestra visión de la vida. La necesidad de meditar que poseemos los seres humanos, une a la humanidad en un escenario común donde todos buscamos la claridad de nuestra conciencia y de nuestros pensamientos. En este escenario de meditación y aclaración mental todos los seres humanos compartimos un estado de igualdad.

Utilizando esta unión de conceptos, facilitamos el proceso de aclarar nuestra mente y adquirimos las habilidades necesarias para alcanzar las cosas que deseamos en nuestras vidas. El propósito principal de la Meditología es proveer a los seres humanos el poder de la *Claridad Mental o el estado Claro* para permitirnos influenciar positivamente nuestras dinámicas en la vida y alcanzar la calidad de vida que deseamos.

La claridad mental se obtiene a través del razonamiento y la reflexión objetiva en las ideas y los conceptos que se ilustran a continuación. Cuando adquirimos claridad mental nos liberamos de los pensamientos y emociones negativas que nos limitan y esta liberación nos permite concentrarnos en los conceptos positivos que aumentan exponencialmente nuestras habilidades y nuestro intelecto.

La claridad mental nos rebela nuestro ego y nuestra alma desde una posición objetiva. De esta forma, el estado Claro nos permite convertirnos en seres más poderosos y capaces de realizar todos nuestros sueños y deseos. La Salud, la Riqueza, el Amor y la Felicidad son solo algunas de las virtudes que la Claridad Mental y la Meditología te permitirán alcanzar.

El Estado Mental Claro

El estado Claro es algo realmente simple y no es una ilusión mística o extrasensorial, como lo ilustran algunas religiones o filosofías. Todos los seres humanos con salud mental pueden alcanzarlo. Es posible que te hayas encontrado en este estado varias veces en tu vida sin reconocerlo concientemente. Para reconocer el estado Claro solo tienes que recordar un momento de tu vida o tu niñez, en la cual te sentías totalmente libre de preocupaciones, satisfecho, relajado y experimentando un sentido de seguridad plena en el futuro.

Seguramente no estabas consciente de que experimentabas el estado de Claro, pero te sentías feliz y en paz contigo mismo y con tu entorno. ¿Qué te parece si pudieras sentirte de esa forma la mayor parte de tu vida? ¡Sería maravilloso!

Debemos reconocer que no es necesario estar totalmente relajado para estar en estado de Claro. Los atletas experimentan el estado de Claro bajo las más intensas circunstancias y a esta forma de claro se le conoce como "estar en la zona" (In the Zone).

Éstos experimentan un estado de paz y claridad mental a la misma vez que se desenvuelven totalmente concentrados en su disciplina. Los artistas también suelen experimentar este estado mental cuando se encuentran totalmente concentrados en la creación de su arte. En este estado, el desempeño de la acción parece fluir fácilmente, como por obra de algo divino y el individuo aparenta ser sólo el conducto de una fuerza mayor.

Esta forma de Claro es pasajera y cuando termina se puede transformar en una forma de Claro normal con calma y relajamiento. Estas experiencias suelen experimentarlas algunas personas durante o después de la pasión sexual, el ejercicio, la meditación, etcétera. Estar en la "Zona" puede convertirse en algo adictivo, ya que suele durar muy poco el momento en el cual estás totalmente separado de la vida real. La adicción está en querer regresar al estado de la "Zona" a toda costa y no ser capaz de sentir una realidad tranquila y placentera por estar consumido con el deseo de volver al estado mental de la "Zona".

Es extremadamente importante que la diferencia del estado Claro y de la "Zona" estén bien definidas en tu mente para no caer en este tipo de adicción. El propósito del estado Claro es experimentar una realidad placentera y cómoda la mayor parte del tiempo en tu vida. No debe existir ninguna razón que te haga desear escapar de tu entorno o de tu presente para estar en el éxtasis de la "Zona"

En el estado normal de Claro, tu mente no necesita ninguna influencia exterior o experimentar alguna forma de éxtasis, porque te sientes totalmente satisfecho y en paz contigo mismo y con tu entorno. Esto no quiere decir que dejes de tratar con nuevas experiencias o que no puedas revivir experiencias placenteras del pasado. Lo que quiere decir es que puedes vivir experiencias de todo tipo por el mero hecho de disfrutarlas, pero no porque las necesitas para sentirte satisfecho o feliz.

El estado Claro es un sentido interno de confianza y tranquilidad acompañado de una sensación de armonía y satisfacción contigo mismo y con el ambiente que te rodea. Esto no quiere decir que empezarás a flotar y te comportarás como un ángel. Esto significa que aunque te sientas satisfecho y relajado, podrás actuar como sea necesario. Por ejemplo; podrías actuar agresivo, enfadado, triste, sonriente o alegre, al relacionarte con las demás personas, según las circunstancias de la socialización te lo exijan para transmitir tu mensaje y obtener lo que quieres.

En el estado Claro estarás en control de ti mismo, de las situaciones que te rodean y podrás manipular las interacciones con otras personas, para obtener lo que deseas. Esto no quiere decir que te conviertas en un manipulador, un mentiroso o en un mal actor. Esto solo significa que en el estado Claro podrás estar en control de tus emociones, tus acciones y tus impulsos para manipularlos de la forma mas adecuada y honesta que sea posible.

Estar en control de tus emociones es una de las características más importantes que experimentarás en el estado Claro. Un buen ejemplo de estar en control sobre tus emociones es controlar la ira. La ira es la forma más simple de auto-castigo o de sufrimiento administrado por uno mismo. No tienes que castigarte y sufrir cuando alguna circunstancia en tu vida te exija mostrar ira para alcanzar algún propósito. En el estado Claro podrás mostrar emociones negativas o positivas cuando sea necesario, sin tener que sufrir su efecto negativo al mismo tiempo.

El estado de Claro es solo una forma simple para describir un estado emocional ideal, de tranquilidad, armonía y paz interior que te permitirá experimentar la felicidad y alcanzar todas las cosas que desees en tu vida dentro del marco de la realidad. En otras palabras, poseer Claridad Mental te permitirá mantener la salud física, mental, espiritual y emocional necesaria para lograr tus metas económicas o espirituales.

Todas las técnicas y conceptos presentados en este libro están relacionados de algún modo con el control o manejo de tus pensamientos y emociones. El control de tus pensamientos es parte integral de la claridad mental y de la felicidad verdadera.

La Claridad Mental, la Felicidad y los Objetivos

Naturalmente los objetivos físicos o materiales son el foco principal de los seres humanos para alcanzar la felicidad. Nos decimos: "cuando tenga este carro, esa casa, ese dinero o esa pareja, seré feliz". Nada puede estar más lejos de la verdad. Todo lo que logramos con esta forma de pensar es asegurarnos, que no podemos ser felices ahora mismo. Esta es la mentira que te condena a una vida de tristeza en tu entorno y tu futuro.

Cuando alcanzamos cualquiera de nuestros objetivos, los mismos se hacen familiares a nuestro estilo de vida y perdemos rápidamente la sensación de felicidad por novedad. Posteriormente quedamos en el mismo estado anímico de insatisfacción que temíamos anteriormente. En esta situación tendrás que inventar otra excusa para ser felíz en el futuro cuando puedas comprar o lograr otros objetivos.

Usualmente esperamos por situaciones específicas para ser felices. Al llegar estos momentos, perdemos la felicidad rápidamente cuando desaparece la novedad. ¡Entonces! ¿Cuándo podremos ser realmente felices con esta forma de pensar? La contestación es, ¡Nunca! Ahora podemos comprender y llegar a la conclusión de que nos hemos estado engañando a nosotros mismos, la mayor parte de nuestras vidas.

Si vives la vida bajo esta forma de pensar, nunca serás realmente feliz. Es posible que llegues a vivir en gran comodidad y opulencia económica pero nunca quedarás realmente satisfecho del todo y te será imposible alcanzar la felicidad plena y verdadera. Lo que sucede en este ejemplo es muy simple. La mayor parte de las personas basamos nuestra felicidad en premisas falsas y materialistas para manipularnos o forzarnos a obtener las cosas que deseamos bajo la amenaza constante de la infelicidad. Dado a este fenómeno, acabamos excluyendo de nuestras vidas los elementos reales que nos permiten experimentar la felicidad verdadera.

Esto quiere decir, que establecer objetivos materiales, físicos o abstractos y esperar hasta lograrlos para sentirte feliz, no es la manera de encontrar la felicidad. Los objetivos son realmente el resultado que podemos obtener después de encontrar nuestra felicidad. Esto es indudablemente cierto, porque sabemos por naturaleza humana, que la felicidad es algo que podemos alcanzar ahora en nuestro presente y los objetivos permanecen la mayor parte del tiempo en nuestro futuro, fuera de nuestro alcance.

En conclusión, la felicidad real y verdadera se alcanza cultivando la claridad mental en el presente que vives y que experimentas ahora mismo, en tu entorno. De este modo aprovechamos el estado de felicidad y claridad mental que poseemos en el presente para ayudarnos a lograr el resto de nuestras metas espirituales o económicas. Ser feliz ahora, en tu entorno y disfrutar el camino hacia todas tus metas o sueños, es la esencia de la felicidad verdadera. Para lograr tal felicidad debemos pasar por un proceso de razonamiento y reflexión en el cual cultivamos nuestra claridad mental y alcanzamos el estado Claro en nuestra vida. La próxima sección nos ilustra detalladamente las áreas de nuestras vidas que debemos identificar antes de comenzar con el desarrollo de la claridad mental.

Puntos clave

* El propósito principal de la Meditología es proveer a los seres humanos el poder de la *Claridad Mental o el estado Claro* para permitirnos influenciar positivamente nuestras dinámicas y mejorar nuestra calidad de vida.

* El estado mental de Claro es un estado de satisfacción y armonía interior en el que puedes experimentar la felicidad.

* La Zona es un estado de claridad mental temporera y no se debe confundir con el estado real de Claro.

* En el estado Claro estarás en control de tus pensamientos y emociones.

* En el estado Claro podrás manipular a tu conveniencia las situaciones de la vida.

* La sensación de felicidad por novedad es pasajera y no perdura.

* La felicidad verdadera está en el presente (en tu entorno) y no en el futuro o en la novedad.

* Podemos alcanzar la felicidad antes que cualquier otro objetivo o meta en la vida.

* La felicidad verdadera se alcanza a través de la claridad mental.

* Utilizamos la claridad mental y la felicidad para lograr el resto de nuestras metas espirituales y económicas.

Sección 2
Las 7 Dinámicas de Vida

La mayor parte de los seres humanos deseamos mejorar nuestra condición económica o espiritual y disfrutar de la felicidad verdadera en nuestras vidas.

El primer paso que debemos tomar para lograr este propósito es definir, que es la vida, e identificar los elementos qué componen la vida misma. Nuestra definición de la vida es la siguiente (La Vida, *es una agrupación de actividades o facetas por las cuales los seres humanos tenemos una necesidad instintiva o una obligación de experimentar, dentro del tiempo y el espacio de nuestra existencia física en el universo*).

Con esta definición en mente, hemos identificado 7 facetas o renglones de la vida que llamamos las 7 Dinámicas de Vida. Estas 7 dinámicas nos proporcionan una plataforma sólida donde podemos representar claramente el funcionamiento de nuestras vidas y nos permite comenzar a trabajar con las áreas necesarias para alcanzar la claridad mental y mejorar nuestra calidad de vida. En esencia, la totalidad de nuestras vidas está compuesta por las 7 Dinámicas de Vida.

Propósito de las Dinámicas

Las 7 dinámicas de vida son renglones de nuestra existencia mortal, en los cuales se desarrolla y se compone nuestra vida. Las dinámicas se utilizan para evaluar el nivel de calidad de vida en el cual nos encontramos y para identificar nuestra posición dentro de la vida misma. La evaluación de las dinámicas también nos permite identificar las facetas de nuestra existencia que debemos modificar para mejorar nuestra calidad vida y conservar una mente Clara a corto y largo plazo.

En adición, las dinámicas evalúan el balance que mantenemos en nuestras vidas y entre nuestras propias dinámicas. Este balance es esencial para alcanzar una vida saludable en todos los aspectos de nuestra existencia como seres humanos y seres espirituales. Esta evaluación nos permite definirnos en 3 niveles existenciales; pobre, regular o bueno, para cada una de las 7 dinámicas de vida que verás a continuación.

De este modo, podemos determinar el grado de beneficio que aportamos a nuestra vida y nuestra sociedad. También podemos identificar con qué dinámicas debemos trabajar primero para mejorar como seres humanos. Las

Dinámicas están grabadas en nuestros genes y en nuestros instintos más primitivos. Por esta razón nos sentimos atraídos a ellas en varios grados. Las dinámicas nos ofrecen una guía de vida para cumplir con nuestras necesidades como seres humanos y seres espirituales.

Las Dinámicas son las siguientes:

1- El Ser mismo

2- Las Posesiones y el Materialismo

3- La Pareja, el Sexo y la Procreación

4- La Familia y los Grupos

5- La Sociedad y la Humanidad

6- La Naturaleza

7- La Espiritualidad

1. El Ser mismo

El Ser mismo es la primera dinámica. Tú eres el creador y el centro de tu propio universo. Sin ti, esta realidad no existiría. Cada ser experimenta un universo similar pero único y tú eres el dueño de tu propio universo. Todo lo que experimentas sale de ti mismo, a través de tus pensamientos.

Es imperativo que te protejas y cuides de ti mismo para mantener tu capacidad de cuidar a los demás. La primera responsabilidad que el universo te impone es cuidar de ti mismo y sobrevivir. De esta manera, cada ser humano lleva la responsabilidad de su propia supervivencia. Tú mismo eres la primera Dinámica.

2. Las Posesiones y el Materialismo

Nuestra existencia está localizada en el mundo físico. En esta realidad las cosas materiales consumen nuestra atención. Es fácil reconocer que la afluencia material provee comodidad y seguridad de supervivencia. Debemos proveer a las parejas potenciales la ilusión del poder económico e intelectual para ser aceptados o establecer estatus social en cualquier grupo.

La afluencia material complementa al ser humano y le provee un grado de identidad al mismo. Los seres humanos tenemos necesidades materiales básicas para asegurar nuestra supervivencia y por esta razón, las posesiones y el materialismo son parte integral de la identidad del ser humano y la sociedad. Por tal razón, las posesiones son la segunda dinámica de vida.

3. La Procreación, el Sexo y la Pareja

La tercera dinámica se compone en gran parte de la

primera y segunda dinámica. Deseamos cuidarnos a nosotros mismos y acumular bienes materiales para establecer estatus social, encontrar pareja y consumar nuestro deseo instintivo del sexo y la procreación. Así logramos que parte de nosotros sobreviva a través de nuestros hijos y que nuestro material genético continué en la humanidad.

Nuestro instinto de procreación también nos permite ser discriminatorios y escoger el mejor material genético a nuestro alcance para aumentar la probabilidad de supervivencia de nuestros hijos. El deseo sexual es parte de nuestros instintos y satisface una de nuestras necesidades más primitivas. Sin estas necesidades instintivas, la especie humana no sobreviviría y es por esta razón que la procreación, el sexo y la pareja forman la tercera dinámica.

4. La Familia y los Grupos

Debemos aclarar que la familia constituye un grupo. En tiempos primitivos desarrollamos la necesidad instintiva de pertenecer a un clan o grupo familiar porque nuestra supervivencia inmediata dependía de esa relación. Esta socialización contribuyó al desarrollo intelectual de nuestra especie y a su vez, esta relación de grupo contribuyó a nuestra supervivencia. En la era moderna nuestro instinto de grupo sobrevive. Por tal razón, pertenecer a un grupo nos da identidad y valor de supervivencia en adición a satisfacer nuestro instinto primitivo de pertenecer a un clan y socializar.

Nuestro intelecto evolucionó con esta necesidad y los grupos nos proveen la exposición social que necesitamos para relacionarnos con otras personas. En adición, los grupos nos permiten contribuir a la supervivencia del grupo en general y de la misma forma utilizamos los grupos para enriquecer nuestra propia capacidad de supervivencia.

5. La Sociedad

Según la especie humana se fue expandiendo, la dinámica social se fue desarrollando. Los grupos fueron creciendo hasta formar sociedades y estas sociedades se encontraron en etapas de extinción por falta de planificación y recursos.

La dinámica de grupo por sí sola, no fue suficiente para garantizar la supervivencia de muchas sociedades. La dinámica social nace de la necesidad de supervivencia de todas las sociedades. Esta dinámica establece la necesidad de la planificación social y la contribución positiva de cada individuo a la misma, para garantizar la supervivencia de la sociedad en general.

Esta dinámica nos responsabiliza de contribuir positivamente al bienestar de la sociedad en general y al de nuestro grupo inmediato, para garantizar la supervivencia de toda la sociedad y de la humanidad en general. La contribución de cada ser humano para conservar el ambiente es un ejemplo de esta dinámica.

6. La Naturaleza

La naturaleza es todo lo que se ha creado en la tierra por formación natural. Esto incluye: la tierra, el mar, el aire, las plantas, y todos los seres vivos. El planeta tierra podría considerarse un ser vivo, según la definición más amplia del significado de la vida. La razón de ésta comparación es que, según vamos destruyendo nuestro planeta, se hace más evidente que nos estamos destruyendo a nosotros mismos y al ecosistema como una entidad singular.

Si destruimos al ser que nos mantiene vivos (nuestro planeta), nos destruiremos a nosotros mismos. Si consideramos nuestro planeta como un ser vivo, debemos respetarlo y encontrar una armonía simbiótica con éste para garantizar la supervivencia de ambos. La conservación de la naturaleza y del planeta es una de las responsabilidades que tenemos que asumir para garantizar la supervivencia de nuestro ecosistema y por consiguiente, asegurar nuestra propia supervivencia.

7. La Espiritualidad

La espiritualidad nos dicta que existe una entidad abstracta que adopta nuestro cuerpo durante la gestación o el nacimiento del ser humano. Esta entidad existe antes de la concepción y adopta nuestro cuerpo durante la vida natural para abandonarlo después de la muerte y continuar su existencia en otro plano o dimensión.

La mayor parte de las religiones reconocen el concepto de la espiritualidad y comparten la idea, de que el Espíritu o el Alma es parte o proviene de una fuerza mayor identificada como Dios, el Universo o el infinito. La necesidad de pertenecer a una fuerza mayor para darle continuación infinita a nuestra existencia ha sido adoptada por la mayor parte de la humanidad. La espiritualidad le da un significado extremadamente positivo a nuestras vidas porque apela directamente a nuestro instinto de supervivencia y lo expande más allá de la muerte.

Ejemplos de Dinámicas en desbalance

1- Examinemos a una persona que vive en un bosque, ama la naturaleza pero evita el contacto social a toda costa. La dinámica de naturaleza se cumple a la perfección, pero las dinámicas de grupo y la social quedan inexistentes en la vida de este individuo. Este individuo no aporta nada al beneficio de algún grupo y tampoco contribuye a la supervivencia de la sociedad en general.

2- Otro ejemplo sería, la persona que es muy espiritual, ama su familia, es buen proveedor y respeta la naturaleza; pero no cuida su salud, está sobrepeso, tiene alta presión y padece de diabetes. Esta persona cumple con todas las dinámicas, excepto con la primera dinámica, la supervivencia del ser mismo. Este individuo pone en riesgo todas las otras dinámicas al exponerse a una muerte temprana, por falta de cuidado propio.

3- El tercer ejemplo es la persona que cuida su salud, ama su familia, coopera con la comunidad y cumple con la mayor parte de las dinámicas, pero no respeta la naturaleza, arroja basura a la calle frente a sus hijos y no coopera con el reciclaje.

Esta persona no cumple con la dinámica de la naturaleza y tampoco da un buen ejemplo de esta dinámica a sus hijos. Este individuo reduce la calidad del ambiente y por consiguiente, reduce el grado de supervivencia de futuras generaciones de la sociedad, incluyendo la de su propia familia.

Conclusión de las 7 Dinámicas y la Meditología

Sólo basta con entender las 7 dinámicas para que éstas comiencen a balancearse. Una vez identificamos las 7 dinámicas de vida podemos comenzar a mejorar cada una de estas áreas, aplicando los conceptos de *Meditología* que ilustramos a continuación. Comprender los conceptos de Meditología, te permitirá convertirte en un ser Claro y a su vez, el estado mental Claro, te permitirá balancear todas las dinámicas en tu vida. El Ser Claro persigue el balance de sus dinámicas en todo momento para mantener su nivel de claridad mental y cumplir con sus propósitos de bienestar personal, social y global. Las dinámicas nos permiten satisfacer nuestros instintos y nuestras necesidades más primitivas.

En conclusión, nuestra calidad de vida es determinada por el grado en que cumplimos con cada una de las dinámicas y el balance que mantenemos entre ellas. El balance de nuestras dinámicas es esencial para cultivar la claridad mental a corto y largo plazo. Según tomas decisiones en tu vida, encontrarás que las dinámicas pueden estar en conflicto unas con otras. Recuerda que la mejor decisión es la que más se ajusta a tus objetivos y a la misma vez, mantenga el balance mayor entre el resto de las dinámicas. Ésta es una tarea que tendrás que descifrar por ti mismo a través del análisis y el razonamiento de los conceptos antes mencionados.

Mantener el balance de tus dinámicas cumple con las necesidades divinas del Universo; de la misma manera, el Universo cumplirá con tus necesidades y tus deseos. ¡Ese es tu premio! Debemos reconocer que no todo el mundo tiene que convertirse en un Ser Claro para sobrevivir, pero, sí es necesario poseer *Claridad Mental*, para disfrutar de felicidad verdadera en la vida. Te darás cuenta que este libro mayormente trata con dos dinámicas de vida, la primera (El Ser) y la séptima (La Espiritualidad). Estas son las dinámicas principales, porque tienen la capacidad de influenciar drásticamente el resto de las dinámicas. Por ésta razón "El Regalo" se concentrará principalmente en tratar o modificar las dinámicas 1 y 7.

Existen 4 conceptos básicos que afectan drásticamente el desarrollo de todas nuestras dinámicas de vida. Estos son, los Conceptos Básicos de la Vida. La próxima sección # 3 esta dedicada a la explicación detallada de estos conceptos.

Puntos clave

* La vida se compone de áreas o renglones llamados Las 7 Dinámicas de Vida.

*Todas nuestras vidas se desenvuelven de alguna forma dentro de las 7 Dinámicas de Vida.

* Utilizamos las 7 Dinámicas para identificar los renglones de nuestra vida que podemos mejorar o balancear.

*Las Dinámicas están grabadas en nuestros genes y en nuestros instintos más primitivos. Por esta razón nos sentimos atraídos a ellas en varios grados.

*Las Dinámicas nos ofrecen una guía de vida para cumplir con nuestras necesidades como seres humanos y espirituales.

* Mantener el balance de tus dinámicas cumple con las necesidades del Universo y de la misma manera el Universo cumplirá con tus deseos.

Sección 3
Los Conceptos Básicos
de la Vida
y el Funcionamiento
de la Conciencia

La evolución del ser humano ha sido un evento extraordinario en la historia de nuestro planeta. Las probabilidades para el desarrollo evolutivo de seres inteligentes como los humanos son extremadamente ínfimas. Esta situación nos permite contemplar con asombro los eventos que han contribuido a lograr la supervivencia y el desarrollo intelectual de nuestra propia especie. Por otra parte, podemos imaginar que existe una mano divina coordinando los eventos necesarios para hacer posible el desarrollo evolutivo del ser humano en la tierra.

Por estas razones, debemos examinar con detenimiento los elementos fundamentales que han permitido nuestro desarrollo intelectual, de una manera realista y científica. Cuando concluimos con este análisis, podemos identificar un elemento en particular que domina la mayor parte de nuestro intelecto. Este elemento es nuestra *"percepción de la realidad"*. Esta es la manera particular, en la que los seres humanos percibimos la realidad de nuestras vidas y también, la percepción única que nos diferencia de los animales y las computadoras.

Nuestra forma especial percepción, nos ha permitido dominar la tierra sobre todas las otras formas de vida en el planeta. Cuando examinamos con detenimiento cómo percibimos nuestra realidad, podemos identificar 4 conceptos básicos que le dan forma a la realidad que experimentamos todos los seres humanos. Estos conceptos los identificamos como los Conceptos Básicos de la Vida.

Conceptos Básicos:

1- La Felicidad

2- El Sufrimiento

3- Las Emociones y los Sentimientos

4- El Ego y el Ser Objetivo

Estos conceptos pueden considerarse como la realidad en que vivimos todos los seres humanos. Nuestras emociones pueden hacernos variar nuestro estado de ánimo, desde sentirnos felices hasta sentir gran sufrimiento. Experimentamos la realidad de nuestras vidas a través de nuestras emociones y nuestros sentimientos. Es fácil reconocer nuestro estado de ánimo, situación o condición a través de nuestros sentimientos o nuestras emociones.

Nuestros ideales y nuestras expectativas personales también influyen grandemente en la realidad que vivimos. La verdad es que utilizamos las anteriores como la norma o la regla para medir cuán lejos nos encontramos de lo que realmente queremos o deseamos. De esta manera nuestra mente determina automáticamente nuestro estado de ánimo entre la felicidad y la decepción o el sufrimiento.

En otras palabras, tu mente evalúa tu estado de situación actual y determina automáticamente cuán bien o mal te debes sentir de acuerdo a tus propias expectativas. Por esta razón, podemos llegar a la conclusión de que; nosotros mismos somos los autores de nuestro estado de ánimo y creamos el sufrimiento o la felicidad que percibimos.

Los conceptos básicos de la vida son el mecanismo en que funcionan todos los elementos de *El Regalo*. Por tal razón, debemos entenderlos con gran claridad. Estos conceptos se definen detalladamente a continuación.

La Felicidad

Para establecer una base en común que sea firme, debemos definir el concepto de la felicidad y por consiguiente, lo opuesto; el sufrimiento.

La felicidad ha sido descrita por algunos sabios como *"un estado emocional de tranquilidad, satisfacción y paz, con una visión optimista y de bienestar hacia el futuro"*. Esto significa que en su entorno o presente, el ser humano se encuentra en paz consigo mismo y espera sentirse igual en el futuro.

Esta es mi definición favorita de la felicidad, porque incluye el pasado, el presente y el futuro. Incluye el pasado, porque debes estar en paz con tu pasado para realizar la felicidad real en tu presente. También, el tener expectativas de paz mental para el futuro te permite conservar la felicidad en el presente o en tu entorno. Tu *entorno* es el movimiento del presente a través del tiempo o la continuación de tu presente hacia el futuro.

Después de examinar este significado, debemos comprender que el éxtasis, el orgasmo, el sabor, el sexo, el poder, el dinero, la libertad, el estatus social, el triunfo, la perfección, el alcohol, las drogas y el placer en general, no componen la felicidad pero pueden contribuir positivamente o negativamente a la misma.

Las anteriores suelen ser pasajeras a través de tu vida y el exceso o la obsesión con éstas, pueden llevarte a una vida de adicción, infelicidad y sufrimiento. La felicidad verdadera proviene de obtener un balance entre tú sentido interno de paz y los placeres que te ofrece la vida.

Todo lo que se experimenta en exceso o se maneja con obsesión ilimitada se torna en una herramienta de sufrimiento. Es tan simple como disfrutar de una copa de tu mantecado favorito o comerte un galón de una sentada y después vomitarlo por completo. El truco y la magia de la felicidad están en lograr la paz interna y disfrutar de los placeres de la vida con balance y moderación.

El Sufrimiento

Ya que comprendemos nuestra definición de lo que es la felicidad, ahora es imprescindible entender nuestra definición de lo que es el sufrimiento. Al contrario de la felicidad, el sufrimiento puede ser definido como *"un estado o sensación emocional de desesperación, depresión o ansiedad con expectativas detrimentales y pesimistas hacia el futuro"*. La ira, la desesperación, la depresión, el estrés y el pesimismo forman parte del sufrimiento. Los anteriores son causados por conflictos emocionales que desarrollamos en nuestra mente y nuestro subconsciente.

El conflicto emocional y el sufrimiento se crean cuando contemplamos pensamientos que se contradicen el uno al otro. Esto puede suceder cuando obtenemos un resultado diferente a nuestras expectativas o ideales. Cuando nuestro pensamiento presenta un escenario lógico y la realidad nos presenta un escenario diferente, se crea un conflicto emocional entre ambos escenarios. Nuestra mente batalla para darle sentido a esta incongruencia y en esta batalla creamos el dolor emocional y el sufrimiento.

Por ejemplo: Te separaste de tu pareja de la cual estabas enamorado. Sin importar la razón de la separación, sientes que has fracasado en tu relación, porque todo ser humano contempla relaciones ideales para cumplir con sus necesidades emocionales. Obviamente, la relación no fué la ideal, porque existe el rompimiento de la misma.

El conflicto está entre la expectativa de una relación ideal y la realidad que experimentas con el fracaso de la relación. Un escenario está en conflicto con el otro y este conflicto te causará dolor emocional y sufrimiento. Aunque la separación sea lo más conveniente para ti, el conflicto emocional existirá hasta que lo resuelvas. La solución está en eliminar el conflicto. Para lograrlo, debemos eliminar nuestras expectativas o el escenario ideal que deseamos y aceptar el escenario real de la situación.

Cuando reconocemos que nuestras expectativas son erróneas en contraste con la realidad y aceptamos el escenario real, entonces disolvemos el conflicto. Obviamente, también tendrás que aceptar todos los aspectos y resultados de la separación que te esperan en el futuro, como estar soltero, dormir sin tu pareja, la separación de amigos, la mudanza, etcétera.

El estrés común funciona de la misma manera. Debes tener tus labores y cuentas al día, pero no da el tiempo, no da el dinero o ambas. Te pones nervioso, te deprimes o te enfermas, disgustado con una realidad que no puedes cambiar. ¿Será posible solucionar el conflicto y continuar trabajando con diligencia para mejorar tu situación en paz y tranquilidad? ¡Si, es posible! Para eliminar el conflicto debes aceptar la situación de la realidad que no puedes cambiar. También deberás desprenderte de la ilusión en el escenario ideal que deseabas.

Todos los sufrimientos emocionales emanan de un conflicto mental entre la realidad que vives y la realidad que deseas. Sucede igual con las malas experiencias del pasado; las revives, las sufres y tratas de olvidarlas, pero siguen creando sufrimiento y dolor emocional porque no las has aceptado del todo.

El conflicto está en no aceptar una experiencia del pasado y pelear con una realidad que no puedes cambiar. Si aceptas tu pasado y tus experiencias como un aprendizaje de la vida y como parte de ti mismo, entonces disolverás el conflicto. Así podrás concentrarte en tu entorno y en tu futuro, en vez de sufrir constantemente un pasado que no puedes cambiar.

Las técnicas y conceptos que ilustraremos a continuación, se utilizan para disolver los conflictos emocionales que experimentamos diariamente en nuestras vidas y alcanzar el estado emocional Claro en el cual experimentamos la paz mental y la felicidad.

Las Emociones y la Inteligencia Emocional

Las emociones son el pilar en donde giran todas las acciones del ser humano. Las emociones le dan sentido a la vida y son la razón por la cual perseguimos nuestros sueños y metas. A través de las emociones es que el ser humano experimenta la vida misma.

El ser humano por naturaleza, persigue experiencias agradables y evita las desagradables. Simplemente hemos evolucionado para perseguir las experiencias y sentimientos que nos satisfacen y nos dan placer. Intentamos alcanzar estatus social, riqueza y la admiración de nuestros semejantes por las emociones que deseamos sentir.

Por otra parte, comemos, bebemos y festejamos hasta el extremo que aguante nuestro cuerpo. Protegemos a nuestras familias o seres queridos y estamos dispuestos a quitarle la vida a otro ser humano que les trate de hacer daño.

¿Por qué? Todo por conservar las emociones que queremos sentir y evitar las que no deseamos. Es por esta razón que el concepto de las emociones es tan importante.

Nuestras emociones varían entre la felicidad y el sufrimiento. Desde que nacemos, nos encontramos en un conflicto constante con nuestras emociones. Jugamos con nuestras emociones, nos imponemos metas y sufrimos las derrotas. Exploramos nuevas experiencias para descubrir qué emociones podemos crear y sentir. De jóvenes tenemos conflictos entre la aprobación de nuestros padres y la búsqueda de aventura para explorar nuevas experiencias, todo con el propósito de experimentar la vida a través de nuestras emociones.

La ira y el estrés son emociones negativas. Estar en control de tus emociones te da gran ventaja ante las personas que no lo están. El control del estrés es una de esas ventajas. Controlar el estrés evita gran parte de las enfermedades físicas y condiciones mentales relacionadas al estrés. En adición, el estrés, el coraje y la ira reducen el coeficiente de inteligencia que generalmente posees. Solo acuérdate cuando perdiste las llaves y mientras las buscabas con coraje, no aparecían. Después te tranquilizaste y pudiste pensar en los detalles necesarios que te permitieron encontrarlas.

Los mejores profesionales del juego de "Póquer" tienen un gran control sobre sus emociones y pueden leer las emociones de sus oponentes. Este juego requiere que el jugador lea las emociones del contrario para identificar su posición en el juego y tomar la decisión más apropiada para ganar. Los jugadores también pueden manipular sus emociones para engañar a sus oponentes. Estas habilidades se describen como la "*inteligencia emocional*".

La vida, en general, es un juego de emociones y si la juegas bien puedes ganar en mayor cantidad de ocasiones. Las relaciones familiares, amistosas o de trabajo pueden mejorar grandemente cuando alguna de las personas aprende a controlar sus emociones en mayor o menor grado.

Las emociones son grabadas en tu mente durante el transcurso de tu vida. Estas emociones son creadas por la percepción de tus experiencias. De este modo, comienzas a distinguir lo que se siente bien de lo que se siente mal. Las percepciones buenas y malas son diferenciadas a través de tus emociones. Las mismas son grabadas y clasificadas en tu mente para ser utilizadas en la toma de decisiones del presente y del futuro. Todas las decisiones que tomas están basadas en tus emociones pasadas y presentes.

Es tan simple como ir al colmado con hambre y comprar muchas cosas que no necesitas o ir de compras sin hambre y comprar solamente lo necesario. Así de fácil es que tu sentir emocional te afecta en las decisiones que tomas diariamente.

Las personas extremadamente emocionales toman dediciones irracionales constantemente y por lo general, tienen más dificultades en sus vidas y en sus relaciones. Todas las decisiones que tomas en tu vida están basadas mayormente en tus emociones.

Las emociones también se aprenden del ambiente en el que nos criamos. Si vemos a nuestros padres aterrorizados por una cucaracha, adoptamos el terror a las cucarachas. De la misma forma, vemos a nuestros padres disfrutar de un gran festín y adoptamos la afinidad a este tipo de actividad.

Gran parte de tus emociones son adoptadas o creadas por tu propia mente. Esto quiere decir que las emociones no son permanentes o reales en su totalidad. Las mismas pueden ser reemplazadas, cambiadas o desechadas por completo. Las emociones son como un gusto adquirido (*acquired taste*). Puedes aprender a sentir emociones buenas por algo que te brindaba emociones negativas o asco. De la misma manera puedes cambiar tus emociones placenteras por la comida en exceso y sentir gran placer ingiriendo cantidades mínimas de alimento.

La mayor parte de los bebedores aficionados al vino odiaban el sabor de sus primeras copas. Con el tiempo, estos aficionados comenzaron a asociar el placer con el vino, por todas las influencias placenteras ajenas al mismo vino. Como por ejemplo: La socialización, la apariencia de estatus social y los efectos placenteros del alcohol. Los mismos, ahora juran que adoran el sabor del mismo vino que antes odiaban.

En conclusión, es muy importante reconocer que puedes cambiar tus emociones hacia las cosas que te convienen y de la misma manera puedes cambiar tus emociones sobre las cosas que no te convienen, independientemente de que te brinden placer o no. Parte de la fórmula está en querer hacer un cambio y después tomar una decisión firme al respecto. Debes reconocer que puedes cultivar tu "*inteligencia emocional*" y controlar las emociones negativas que vayas experimentar en todos los aspectos de tu vida.

Por ejemplo; podrías cambiar las emociones negativas que sientes hacia tus padres, hermanos, compañeros de trabajo, el ejercicio y los malos hábitos en general. Al controlar tus emociones, podrás conservar la calma y la tranquilidad bajo cualquier circunstancia inesperada o desafortunada. Imagina todas las molestias y dolores de cabeza que te quitarías de encima y las mejoras que podrías alcanzar como ser humano.

Es posible cultivar o amoldar tus emociones en acorde con todas tus metas y objetivos para alcanzarlos con más facilidad y mejorar tu calidad de vida.

Controlar tus emociones no es una tarea imposible. Puedes lograrlo utilizando las técnicas y conceptos que se exponen a continuación. La aplicación de estos conceptos no está libre de esfuerzo. Todas conllevan un grado de dedicación y voluntad para llevarlas a cabo. Obviamente, los beneficios que traerán a tu vida son invaluablemente más altos que los esfuerzos.

La felicidad, el sufrimiento y las emociones son realidades que experimentamos en todas las áreas de nuestras vidas. Por esta razón, es esencial identificar específicamente cómo podemos cambiarlas o modificarlas para aumentar nuestras capacidades como seres humanos y mejorar nuestras vidas.

El Ego y Tu Ser Objetivo

Todos los seres humanos podemos identificarnos con el Ego de alguna forma u otra, aunque no deseemos admitirlo. No somos capases de reconocer que toda nuestra vida esta dominada por el Ego, y el mismo Ego, es quien nos esconde esta cruda realidad. A causa del Ego terminamos convirtiéndonos en la definición pura del mismo Ego. ¿Pero que realmente, es el Ego?

El Ego es (*la noción falsa de identidad que construimos a través de nuestras vidas y nuestra historia*). Cuando nacemos, no poseemos ningún atributo del Ego, pero, comenzamos a construirlo a través del aprendizaje tradicional de la sociedad. El aprendizaje que recibimos está basado en valor y desprecio o premio y castigo, igual que lo recibe una foca de circo.

Rápidamente perdemos la noción de la identidad espiritual con la que nacemos, y comenzamos a valorarnos en base a comparaciones con el mundo exterior en que vivimos. De esta manera establecemos una escala de nuestra posicion social y personal, la cual viene acompañada de valor y desprecio o premios y castigos. Nuestras emociones y sentimientos nos proporcionan los premios y los castigos que necesita el Ego para apoderarse totalmente de nuestra conciencia y nuestras acciones.

El Ego te asigna un nivel en la escala de valores y utiliza las emociones para premiarte o castigarte con sentimientos falsos de superioridad o inferioridad que no son reales. Esto quiere decir, que en el entorno de los seres humanos, realmente no sabemos que será bueno o malo para nosotros en el futuro, pero, el Ego se encarga de juzgar y clasificar todas nuestras experiencias para darnos una impresión inmediata de nuestro valor personal que es falsa. De esta manera, el Ego manipula tus acciones utilizando tus emociones. Todas las decisiones que basamos en el Ego están destinadas al sufrimiento. El propósito principal del ego es hacerte sufrir a través del engaño.

El Ego es el enemigo de la claridad mental, ya que, no tiene la capacidad de permanecer neutral en ninguna situación o experiencia de la vida. El Ego te manipula con promesas de grandeza en tu futuro, mientras te castiga en el presente con sentimientos de menosprecio. Las personas con Egos extrovertidos se sienten muy incómodas y menospreciadas cuando no son el centro de atracción. Otras personas con egos introvertidos, tienden a utilizar la trampa y la maldad, manteniendo el silencio y el anonimato, para satisfacer a su Ego.

El Ego es la mayor causa de sufrimiento humano en la sociedad moderna. Esto es debido, a que vivimos en una sociedad seducida por el consumismo y la ilusión de superioridad personal y social. Ambas de estas necesitan apelar al Ego y al sufrimiento del ser humano para subsistir. El Ego nos provee ilusiones falsas de superioridad con el propósito de hacernos sufrir cuando nos damos cuenta de la realidad. La motivación con el único fin de ser reconocido, es un ejemplo claro del ego.

El Ego se presenta de muchas formas, pero, por lo general lo podemos reconocer porque no es neutral y utiliza sentimientos extremos que pueden ser de grandeza o de menosprecio para manipularnos. Como por ejemplo, sentirte superior a tus semejantes y menospreciarlos o sentirte inferior a otro ser humano por tu posición económica o social. Las anteriores son representaciones claras del Ego.

Las ilusiones falsas de superioridad o de victoria que el Ego suele proveer se desvanecen muy rápido y después el Ego revela su verdadera identidad, cuando te enseña el sufrimiento y te obliga a sentir el menosprecio, el odio, la envidia, la vergüenza y la ira. Otra forma de reconocer el ego es evaluando tus motivaciones. Cuando tus motivaciones son egoístas, de reconocimiento personal, de grandeza o de retribución por justicia o venganza, puedes estar seguro, que el ego está apoderado de ti.

El Ego es una herramienta de sufrimiento, tanto para el individuo que la usa, como para su prójimo. El Ego subsiste en nuestra conciencia y utiliza el subconsciente y la conciencia analítica para influenciar todos nuestros pensamientos, propósitos y sentimientos. El Ego cambia nuestra percepción de la realidad para hacerla parecer incorrecta o injusta y de esta forma, crear conflictos emocionales en nuestra conciencia que nos causan sufrimiento y dolor emocional. El Ego es parte de tu conciencia, pero no es tu conciencia o tu ser. El ego es un mecanismo creado por nosotros junto a nuestra historia de la vida, y por esta razón, lo confundimos con nuestro verdadero ser o nuestro (Ser Objetivo).

Mantener la objetividad en todos nuestros pensamientos es una de las formas más efectivas para neutralizar el Ego. Debemos ver nuestra realidad con objetividad, tal y como es, sin añadirle o quitarle factores emocionales. Por ejemplo; un guardia de seguridad te está gritando porque no has estacionado tu auto correctamente. Podrías estacionarte correctamente, seguir tu camino y pensar en cosas de más importancia. La opción anterior es manejada objetivamente sin influencia del Ego, o, podrías sentirte humillado por los gritos y buscar retribución respondiendo con insultos y haciendo tu justicia. Esta opción fue claramente influenciada por el Ego y un sentido falso de justicia.

En éste caso, el deseo de retribución y justicia proviene de sentirte humillado por el Ego y no por la situación o la persona. Entonces, justificas la retribución con un sentido falso de justicia. La realidad es que si no te sientes humillado no tendrías la necesidad de retribución o de justicia. En el caso anterior, la humillación proviene claramente del Ego.

El Ego suele esconderse detrás del sentido de retribución y justicia para hacerte sufrir y provocar una reacción agresiva que finalmente alimenta más al Ego. Este te obliga a reaccionar negativamente sin importar que tu sentido de retribución o justicia sea falso.

Debemos reconocer que existen ocasiones en que tenemos que defendernos para evitar el abuso injustificado que el Ego de otra persona desencadena sobre nosotros. Esta posición de defensa proviene de nuestro ser objetivo y de nuestro instinto de supervivencia; no de una necesidad de justicia o retribución motivada por el Ego.

Nuestros propósitos pueden estár fundados por una buena causa, pero nuestros sentimientos pueden estar totalmente guiados por el Ego. Para evitar esta situación, debemos ser objetivos y mantenernos vigilantes de nuestras motivaciones verdaderas y de nuestro Ego en todo momento. Debemos aclarar que nuestros deseos de crecimiento y nuestras ambiciones no tienen que estar fundadas por el Ego. Podemos desear el crecimiento y bienestar de nuestra salud física, económica, espiritual o emocional y todo lo que deseemos proyectar en nuestra vida sin la necesidad de utilizar el Ego. Liberarnos del Ego nos permite visualizar y proyectar nuestras metas con el propósito primordial de disfrutar el camino o el proceso de alcanzar las mismas; al contrario de la proyección de metas motivadas por el Ego, que tiene como propósito principal disfrutar únicamente de la culminación de la meta sin importar la integridad del proceso.

Cuando nos liberamos del Ego podemos observar objetivamente todas nuestras experiencias y disfrutar el desarrollo de nuestro entorno al igual que disfrutamos del progreso o el camino para alcanzar cualquier meta. Ten presente, que el Ego tratará de engañarte, diciéndote que no puedes disfrutar y sentirte satisfecho hasta llegar al final de tu meta, pero ya sabrás que ésto no es cierto y no te dejarás engañar.

Para erradicar el Ego, es necesario asumir una perspectiva objetiva hacia tu vida. Esto significa, que deberás observar tus acciones a distancia, como si fueras una entidad espiritual o una tercera persona que observa desde la audiencia, el escenario de un teatro, el cual será tu vida. De esta manera podrás reconocer cuando el Ego se apodera de tu ser y te hace sentir emociones falsas de inferioridad o de superioridad.

Asumir una perspectiva objetiva de ti mismo es la manera más efectiva de reconocer tu Ego. A ésta acción le llamamos convertirse en *"Tu Ser Objetivo"*. Cuando nos referimos a tu Alma también nos referimos a tu Ser Objetivo. Ésto significa que la objetividad verdadera te permite observar tu propio ser desde la perspectiva espiritual y objetiva de tu Alma. Por el momento lo que debemos entender es que todos nuestros propósitos y acciones pueden estar motivados por nuestro Ser Objetivo, y no, por el Ego. El Ser Objetivo es más poderoso que el Ego y éste te permitirá perseguir cualquier meta sin los castigos y engaños que utiliza el Ego. El tema del Ser Objetivo y el Alma se discutirá detalladamente en la sección # 6.

Todas las áreas de nuestras vidas están expuestas a las influencias emocionales del Ego. Controlar el Ego es parte esencial de manejar apropiadamente nuestras emociones y nuestros sentimientos. Todos los conceptos que encontrarás a continuación te ayudarán a controlar tu Ego, tus emociones y también a desarrollar las habilidades necesarias para convertirte en tu Ser Objetivo.

En conclusión, conocer el funcionamiento de los Conceptos Básicos de la Vida te permitirá influenciar positivamente las 7 dinámicas y consecuentemente determinar el nivel de claridad mental que podrás alcanzar en tu vida. El proceso de claridad mental se desarrolla en nuestra primera dinámica (El Ser) a través de mecanismos en nuestra mente y nuestra conciencia. El próximo segmento ilustrará como se interrelacionan los conceptos básicos de la vida y nuestra conciencia para establecer el proceso de la claridad mental en nuestra mente.

La Conciencia y la Mente

La conciencia es la parte de nuestra mente que esta dedicada al almacenaje y procesamiento del los pensamientos, las memorias, las emociones, las costumbres y los instintos. De la misma forma; otras partes de nuestro cerebro se dedican a dirigir el funcionamiento de los órganos vitales, como los latidos del corazón, la digestión y la respiración.

La combinación de tareas que ejerce nuestra conciencia define nuestra personalidad, nuestra forma de ser y de proceder. Todas nuestras decisiones y acciones proceden de las funciones que ejerce nuestra conciencia. La conciencia almacena nuestras experiencias y evalúa las mismas para tomar decisiones y escoger nuestra forma individual de proceder y actuar.

Como consecuencia de este fenómeno, nos convertimos en el total de las conclusiones a las llega nuestra conciencia. Nuestra personalidad actual, es en esencia, el resultado final que ha obtenido nuestra conciencia. En otras palabras, somos la suma total de los pensamientos y las experiencias que llevamos guardados en nuestra mente y nuestra conciencia hasta el presente. De esta forma nuestra personalidad va evolucionando según adquirimos nuevas experiencias y deducimos resultados diferentes dentro de nuestra conciencia. El resultado final de nuestra conciencia que poseemos en nuestro entorno lo llamamos (*Nuestra Historia*). Para facilitar la comprensión del funcionamiento de la conciencia debemos dividirla en dos partes principales, el Conciente Analítico y el Subconsciente.

El Conciente Analítico:

El conciente analítico es la parte de nuestra conciencia que se dedica al cálculo y la deducción inmediata de nuestro entorno o nuestro presente. Esto significa, que su trabajo principal es evaluar y deducir un resultado actualizado sobre cualquier grupo de ideas expuestas en nuestra mente. En cambio, nuestro subconsciente no posee la capacidad de evaluar resultados inmediatos y se dedica mayormente a presentar pensamientos o resultados del pasado. El funcionamiento del subconsciente se discutirá con profundidad en el próximo segmento.

Nuestro conciente analítico está constantemente evaluando las situaciones del presente junto al pasado y exponiendo las alternativas de cómo proceder. En otras palabras, el conciente analítico recibe continuamente ideas del pasado y del presente para reevaluarlas y llegar a una conclusión actualizada y lógica en nuestro entorno.

Si recuerdas alguna situación en tu vida en la cual tenías que concentrarte detenidamente para aprender o lograr una tarea, como por ejemplo, aprender a guiar un automóvil, entonces podrás reconocer que la mayor parte de tu conciente analítico estaba al mando de tus acciones y decisiones. En cambio, después de hacerte habilidoso como conductor, todos tus movimientos se convirtieron en una acción automática y ahora no tienes que pensar detenidamente para conducir.

La razón de este fenómeno es que con la práctica y la experiencia tu subconsciente se apodera del control de tus acciones y decisiones. Es posible conducir al trabajo pensando en otras cosas o hablando por el celular mientras te tomas el café que compraste en un serví carro. Al llegar al trabajo ni siquiera te acuerdas de la mayor parte del viaje.

La realidad de esta situación es que tu conciente analítico estaba ocupado en labores que requieren deducciones inmediatas, mientras tu subconsciente se encargaba de las tareas repetitivas que no requieren ningún tipo de deducción inmediata, como la de conducir al trabajo.

Es posible diferenciar los mecanismos mentales envueltos en nuestras acciones cuando evaluamos su origen en nuestra conciencia. Podemos identificar cuando los pensamientos emanan del conciente analítico o del subconsciente. Por ejemplo, las fobias irracionales son fácilmente identificadas como procedentes del subconsciente, mientras que el aprendizaje es obviamente procedente de nuestro conciente analítico.

Imaginemos que tu conciencia es una computadora. Entonces el procesador, donde se ejecutan todos los cálculos y procedimientos seria tu conciente analítico. El disco duro donde se almacena permanentemente toda la información seria tu subconsciente. Nuestro conciente analítico funciona de la misma manera que un procesador, calculando como vamos a ejecutar nuestras acciones y clasificando nuestras experiencias, mientras que el subconsciente se dedica a guardarlas y organizarlas apropiadamente para luego poder accesarlas.

El Subconsciente

El subconsciente es el almacén de nuestras memorias y experiencias. Guardamos toda nuestra vida en él. Todo lo que experimentamos en nuestras vidas lo absorbe y conserva el subconsciente. Las emociones, los sentimientos, las memorias buenas y malas, quedan gravadas y almacenadas en éste. Si intentamos recordar nuestras primeras memorias, es posible experimentar las emociones que sentías cuando tenías 4 o 5 años de edad. Tu subconsciente posee esta inmensa capacidad de almacenaje.

Nuestro subconsciente nos permite revivir o evaluar

experiencias pasadas. De esta manera podemos distinguir las experiencias buenas de las malas y utilizamos esta distinción en el aprendizaje y la toma de decisiones. El subconsciente es en esencia el conjunto de nuestras memorias o nuestra historia.

El conciente analítico reúne datos del subconsciente y los compara con la información disponible en el presente para deducir resultados actualizados. De esta forma los seres humanos podemos adaptarnos a situaciones inmediatas y variables. El subconsciente no tiene poderes analíticos, solo ofrece los resultados gravados del pasado. Las tareas repetitivas son manejadas mayormente por nuestro subconsciente. Esta parte de nuestra mente es muy poco flexible y se presta para ejecutar labores repetitivas, mientras nuestro conciente analítico calcula y ejecuta nuevas ideas y estrategias.

Sin el poder de nuestro subconsciente, los seres humanos no seriamos capaces de ejecutar la mayoría de las labores múltiples que hacemos diariamente. La razón es que sería demasiada información para que la conciencia analítica procese en un instante y nos convertiríamos en seres muy torpes, con la coordinación de un infante de 2 anos. El subconsciente es una parte esencial de nuestro funcionamiento mental y nos sirve para desarrollar al máximo nuestras habilidades motoras y mentales.

El subconsciente cuenta con tantas virtudes como defectos. Nuestro subconsciente también controla la mayor parte de nuestros hábitos y se asegura de castigarnos cuando cambiamos alguna rutina o habito. Las emociones negativas que sentimos cuando nos vemos obligados a cambiar un hábito, como hacer dieta o hacer ejercicios, son creadas por nuestro subconsciente. La poca flexibilidad de éste, hace difícil que los seres humanos puedan cambiar sus hábitos y costumbres con facilidad a pesar de saber que les causan daño.

De la misma forma que el subconsciente graba las experiencias de la vida, también las rutinas y costumbres que adoptamos quedad gravadas en él. Grabar nuevos hábitos en tu subconsciente toma tiempo y cambiarlos también. Debemos reconocer que es posible cambiar cualquier rutina o costumbre utilizando los procesos de la claridad mental y la Meditología. Estos procesos se explicarán en detalle mas adelante.

La desventaja más grande del subconsciente es la transmisión de emociones negativas a nuestro entorno. Al igual que sentimos emociones placenteras cuando percibimos un olor o un ambiente que nos recuerda algo positivo del pasado, también podemos sentir emociones negativas cuando nuestro subconsciente envía emociones relacionadas con una experiencia negativa a conciente analítico.

Las emociones negativas pueden ser de tristeza, dolor, miedo, ira, disgusto, etcétera. Lo que sucede es que nuestro subconsciente se comunica con nuestro conciente analítico a través de las emociones. La razón de este funcionamiento es la eficiencia. Para nuestro subconsciente es más rápido y eficiente enviar un sentimiento o emoción del pasado a nuestro entorno, que enviar un conjunto de memorias y obligar a nuestra conciencia analítica a evaluar cientos de escenarios pasados para tomar una decisión o llegar a una conclusión lógica.

En algunas ocasiones nuestro subconsciente padece de aberraciones y envía a nuestra conciencia analítica emociones y sentimientos al azar sin ninguna conexión aparente al entorno que vivimos. Estas aberraciones pueden describirse como "errores de cómputo" o "virus". El subconsciente envía ideas y emociones desorganizadas para que nuestra conciencia analítica las reevalúe y las reclasifique.

Por ejemplo, existen ocasiones en que nos encontramos pensando en algo y después nos preguntamos. ¿Por qué estoy pensando en esto? Cuando el subconsciente envía ideas, sentimientos o emociones a tu entorno sin razón aparente; tú conciencia analítica esta forzada a reevaluarlas y reclasificarlas.

La causa mas común de este fenómeno son los problemas o conflictos del pasado que no hemos resuelto o aceptado del todo. Estos conflictos continuaran reflejándose en tu mente y en tu entorno hasta que los confrontes y los resuelvas. Esta situación puede causar gran estrés y frustración. Este funcionamiento de nuestro subconsciente es muy parecido a un virus de computadora.

La claridad mental le permite a los seres humanos ser capases de reconocer las ideas y emociones que recibimos de nuestro subconsciente. El propósito de esta habilidad es identificar las ideas y emociones negativas que perturban tu paz mental para resolverlas y desvanecerlas.

La claridad mental también nos permitir adoptar pensamientos positivos a través de nuestra conciencia analítica para utilizarlos en nuestra vida diaria. Este proceso lo conocemos como cultivar Claridad Mental o el proceso de Claridad Mental.

La Traducción de Pensamientos y las Emociones

Los pensamientos aparentan ser algo totalmente conciente. Esto quiere decir que creemos saber todo lo que estamos pensando en cualquier momento. La realidad es que los seres humanos no somos concientes de la mayor parte de nuestros pensamientos. Podemos pensar en miles de pensamientos al mismo tiempo y simplemente estar consientes de algunos.

Nuestra mente hace una agrupación de miles de pensamientos inconcientes, buenos o malos y los traduce a sentimientos emocionales. Sentirse triste, es el resultado de una agrupación de pensamientos inconcientes, que se han traducido en la emoción de tristeza. De la misma forma, cuando te sientes alegre; tu mente ha traducido una agrupación de pensamientos positivos en sentimientos de alegría. La mente tiende a clasificar y agrupar pensamientos similares para accesarlos más rápidamente en cualquier momento.

Es obvio que en muchas ocasiones sabes exactamente porque te sientes alegre, triste o confundido. Como por ejemplo, cuando ganas un premio o cuando un nuevo amor llega a tu vida, sabes exactamente porque te sientes tan alegre y complacido. Sabemos que el fenómeno de la traducción existe, porque hay ocasiones en que no sabemos porque específicamente nos sentimos tristes o alegres. La razón del fenómeno es simple; estas conciente de tus sentimientos emocionales en todo momento, pero no estas conciente de la agrupación de pensamientos que los causan, la mayor parte del tiempo.

Reconocer la causa obvia de nuestros sentimientos emocionales es muy escaso en nuestro diario vivir. En 24 horas o 1440 minutos que tiene un día es posible que estés conciente de la causa de tus sentimientos emocionales por aproximadamente 5 minutos. Este fenómeno te permite vivir los restantes 1435 minutos de cada día sin tener conciencia y razón de los pensamientos que se traducen en sentimientos y emociones.

Una vez comprendemos cómo la mente traduce nuestros pensamientos a sentimientos emocionales, entonces podemos identificar con más facilidad los pensamientos que nos causan emociones negativas y comenzar modificarlos. En contraste, algunos pensamientos están escondidos profundamente y no se pueden identificar tan fácilmente. Estos pensamientos no ocurren del todo en nuestro conciente analitico, sino en nuestro subconsciente. Como por ejemplo, los sentimientos de un evento traumático en la niñez.

¿Cómo será posible identificar pensamientos inconscientes, si no estamos concientes de ellos? La contestación está en tus sentimientos. Para identificar los pensamientos inconcientes que nos afectan negativamente debemos identificar nuestras emociones. Cuando nuestras emociones son negativas o dolorosas podemos reconocerlo fácilmente. Una vez reconocemos nuestras emociones podemos identificar que pensamientos podrían estar causándonos sentimientos negativos. Para nuestros propósitos concientizar significa prestar atención a nuestros pensamientos y hacer un análisis de los mismos.

El propósito de identificar los pensamientos negativos es eliminar su efecto destructivo en nuestro entorno. Cuando nos concentramos y meditamos en los pensamientos que han pasado recientemente por nuestra mente, podemos identificar los pensamientos negativos que pueden afectarnos emocionalmente. En otras palabras; utilizando la concentración, la meditación y la reflexión podemos identificar los pensamientos inconcientes que nos afectan de forma negativa.

Cuando identificamos los pensamientos negativos que nos afectan, se hace posible descubrir su origen y causa. La causa de los pensamientos negativos y del sufrimiento emocional son el Ego y los conflictos de escenarios entre la realidad que vivimos y la realidad que deseamos. Debemos reconocer que el Ego juega un papel principal en la construcción de los conflictos de escenario que cargamos en nuestra conciencia. En conclusión, conocer el funcionamiento de la Traducción de Pensamientos, nos permite identificar como nuestra forma de pensar y nuestra historia afectan nuestra condición emocional en nuestro entorno.

La Claridad Mental y la Conciencia

El proceso de claridad mental pretende erradicar los pensamientos e ideas negativas que emanan de tu subconsciente para reemplazarlos con ideas y conceptos positivos. La adopción de conceptos positivos contribuye a mejorar tu calidad de vida, experimentar la felicidad y proveerte con el poder para lograr tus metas y objetivos espirituales o económicos. Para cumplir con este propósito es esencial la utilización de ambas partes de tu conciencia; la conciencia analítica y el subconsciente.

La conciencia analítica nos permite evaluar y escoger las ideas y pensamientos que deseamos implantar en nuestro subconsciente. Todas nuestras experiencias y pensamientos atraviesan por la conciencia analítica antes de ser almacenados en nuestro subconsciente. A su vez, el subconsciente envía ideas y pensamientos a nuestra conciencia analítica para ser reevaluadas en la actualidad o en nuestro entorno.

Esto significa que nuestra conciencia analítica trabaja con el presente, mientras que el subconsciente trabaja mayormente con el pasado. Por tal razón podemos utilizar nuestra conciencia analítica para implantar nuevas ideas o costumbres en nuestro subconsciente. A este proceso le llamamos Cultivar Claridad Mental.

Adquirimos claridad mental paulatinamente según nuestro subconsciente queda en acuerdo y armonía con nuestra conciencia analítica. Esto quiere decir que las ideas, planes y expectativas que tenemos almacenadas en el subconsciente, deben estar en acuerdo y armonía con la realidad del presente que vivimos. Esta armonía es necesaria para alcanzar la claridad mental.

Un ejemplo de este fenómeno es el sufrimiento que sentimos por la pérdida de algo querido o amado. Nuestro subconsciente no es ávido al cambio y presenta resistencia a cualquier pérdida. Por otra parte, nuestra conciencia analítica reconoce inmediatamente la realidad de cualquier pérdida o cambio. El subconsciente se esfuerza en conservar su estatus anterior y el conciente analítico se esfuerza en implantar la realidad de la pérdida o del cambio. Este es el conflicto de escenarios entre la realidad que vivimos y la realidad que deseamos.

En esta forma se desata el conflicto y la guerra entre el conciente y el subconsciente. Este conflicto bélico es comúnmente conocido como "el sufrimiento". Solucionar los conflictos y encontrar la armonía entre nuestro conciente analítico y nuestro subconsciente es precisamente lo que pretendemos lograr cuando comenzamos a cultivar nuestra claridad mental o el estado Claro.

Cuando cultivamos la claridad mental, desvanecemos los conflictos del pasado que nos atan y evitan que logremos las metas o los objetivos que deseamos en nuestra vida. En adición, mientras cultivamos la claridad mental, vamos implantando ideas constructivas en nuestro subconsciente que son necesarias para desarrollar nuestras capacidades físicas y mentales al máximo. Luego, utilizamos estas capacidades en nuestro entorno para lograr las cosas que deseamos en nuestras vidas.

En conclusión, Comprender el funcionamiento de nuestra conciencia, es parte de balancear nuestras dinámicas de vida y de alcanzar el estado Claro. La claridad mental te permitirá convertirte en una persona más poderosa, con la capacidad de experimentar la felicidad y de lograr todo lo que deseas en la vida, dentro del marco de la realidad. Existe una serie de técnicas o conceptos que debemos comprender para comenzar con el proceso de razonamiento y reflexión que es necesario para cultivar tu claridad mental. Estos son, los conceptos de Autocontrol Mental que se ilustran en próxima sección # 4.

Puntos Clave

* Los conceptos básicos de la vida son la felicidad, el sufrimiento, las emociones y el ego.

* Nuestros ideales personales le dan sentido y significado a la realidad que vivimos.

* La felicidad es un estado emocional de tranquilidad, satisfacción y paz con una visión optimista y de bienestar hacia el futuro.

* El sufrimiento es un estado o sensación emocional de tristeza, desesperación, depresión o ansiedad con expectativas detrimentales y pesimistas hacia el futuro.

* Las emociones le dan sentido a la vida y son la razón por la cual perseguimos nuestros sueños, metas y experiencias.

* Desde que nacemos, nos encontramos en un conflicto constante con nuestras emociones.

* Los seres humanos experimentamos la vida a través de nuestras emociones y sentimientos.

* Estar en control de tus emociones, te da gran ventaja ante las personas que no lo están.

* Es muy importante reconocer que puedes cambiar tus emociones hacia cualquier cosa, para mejorar tu calidad de vida.

* Controlando tus emociones podrás, conservar la calma y la tranquilidad bajo cualquier circunstancia inesperada o desafortunada.

* El Ego es el causante los conflictos mentales y del sufrimiento en los seres humanos, pero es posible controlarlo a través de la objetividad y el control de tus emociones.

* Los Conceptos Básicos de la Vida; la felicidad, el sufrimiento, las emociones y el ego se desarrollan en todas las dinámicas de nuestras vidas y consecuentemente determinan nuestro nivel de claridad mental.

* La conciencia es la parte de nuestra mente que se dedica al almacenaje y procesamiento del los pensamientos, las memorias, las emociones y los instintos.

* La conciencia almacena nuestras experiencias y evalúa las mismas para tomar decisiones y escoger nuestra forma individual de proceder y actuar.

* El conciente analítico es la parte de nuestra conciencia que se dedica al cálculo y la deducción inmediata de nuestro entorno.

* Nuestro conciente analítico funciona como un procesador, calculando como vamos a ejecutar nuestras acciones y clasificando nuestras experiencias.

* El subconsciente es el almacén de nuestras memorias y experiencias.

* Nuestro subconsciente nos permite revivir y evaluar experiencias pasadas.

* Sin el poder de nuestro subconsciente los seres humanos no seriamos capases de ejecutar la mayoría de las labores múltiples que hacemos diariamente.

* La claridad mental le permite a los seres humanos ser capases de reconocer las ideas y emociones que recibimos de nuestro subconsciente.

* El proceso de claridad mental pretende erradicar los pensamientos e ideas negativas que emanan de tu subconsciente para reemplazarlas con ideas y conceptos positivos.

* La conciencia analítica nos permite evaluar y escoger las ideas y pensamientos que deseamos implantar en nuestro subconsciente.

* Adquirimos claridad mental paulatinamente según nuestro subconsciente queda en acuerdo y armonía con nuestra conciencia analítica.

* Solucionar los conflictos mentales y encontrar la armonía entre nuestro conciente analítico y nuestro subconsciente, es precisamente lo que pretendemos lograr cuando cultivamos nuestra claridad mental o el estado de Claro.

* Comprender como tus pensamientos se traducen a emociones y sentimientos es esencial para resolver los conflictos mentales que causan el sufrimiento.

* Comprender el funcionamiento de nuestra mente y alcanzar el estado Claro es un proyecto muy ambicioso, pero es posible a través de la educación, la Meditología y la claridad mental.

SECCIÓN 4
CONCEPTOS DE
AUTOCONTROL MENTAL

Los Conceptos de Autocontrol Mental se desarrollan en nuestra primera dinámica, que es El Ser Mismo. Estos conceptos se describen como procesos mentales que utilizamos para resolver los conflictos sicológicos o emocionales que nublan nuestra claridad de pensamiento. Estos procesos nos permiten identificar y eliminar los pensamientos que de alguna forma nos causan incomodidad o dolor emocional y al mismo tiempo nos facilitan la adopción de habilidades que son necesarias para alcanzar el estado claro y mejorar nuestra calidad de vida.

Los Conceptos de Autocontrol mental identifican detalladamente los mecanismos mentales que debemos utilizar para reorganizar nuestra conciencia de una forma positiva. También nos enseñan habilidades que podemos utilizar para desarrollar el estado Claro. En esencia, los conceptos de autocontrol establecen una base emocional sólida, donde podemos desarrollar o cultivar nuestra claridad mental. Estos conceptos se ilustran a continuación.

Conceptos de Autocontrol Mental:

1- El Razonamiento y la Reflexión

2- La Percepción de Peligro y el Estrés

3- Control de la Resistencia

4-Control de los Pensamiento

5- La Pregunta Correcta

6- La Acción y la Decisión

7- El Propósito y la Ambición

8- La Visión y la Proyección

9- La Predisposición

1- El Razonamiento y la Reflexión

El razonamiento es necesario para solucionar conflictos mentales. Los seres humanos utilizamos el razonamiento comúnmente para modificar las emociones de los demás. Un ejemplo simple sería, convencer a un niño histérico de que su primer corte de cabello no le va a causar dolor físico. Una vez el niño razona y se da cuenta de que el corte de cabello no le causara daño, se desvanecerá su histeria y su dolor emocional. El dolor emocional que el niño histérico experimenta al percibir el peligro y la posibilidad de un daño físico, es tan real como el estrés que pueda sentir cualquier adulto y podemos tratarlo para eliminarlo de la misma forma.

La emoción que el niño experimenta es de miedo y peligro. La emoción de miedo se disuelve a través del razonamiento. El conflicto que el niño enfrenta entre quererse proteger y tener que someterse al dolor aparente del corte de cabello queda resuelto cuando el niño razona y se convence de que el corte de cabello no le causara daño físico. De este modo el niño controla sus emociones a través del razonamiento. A este tipo de razonamiento le llamamos *Razonalización Positiva*.

El razonamiento es la forma que utilizamos para solucionar los conflictos que invaden nuestra mente. Del mismo modo, utilizamos el razonamiento para convencernos de cosas que no son ciertas. Constantemente nos mentimos y nos engañamos a nosotros mismos utilizando el razonamiento. A esto le llamamos *Razonalización Negativa*.

El razonamiento es una herramienta muy poderosa que poseemos todos los seres humanos en diferentes grados. La utilizamos para hacernos el bien y hacernos el mal. Los alcohólicos y adictos la utilizan para convencerse a sí mismos de que no tienen ninguna adicción y tienen toda su vida bajo control. Los seres humanos nos convencemos, de que estamos haciendo las cosas bien cuando realmente sabemos que las estamos haciendo muy mal. Protegemos nuestro orgullo y nuestro ego de la misma manera. Nos mentimos a nosotros mismos y a los demás, para mantener apariencias falsas. En fin, justificamos las malas acciones a través del razonamiento.

El razonamiento se puede utilizar de muchas maneras, buenas y malas. Para evitar el mal uso del razonamiento y que el mismo sea de beneficio para nosotros, debemos ser muy objetivos y sinceros con nosotros mismos. Esto quiere decir, que debemos admitir o reconocer la verdad y la realidad de cualquier situación o conflicto, antes de utilizar el razonamiento para resolverlo a nuestra conveniencia. A éste proceso de admisión y reconocimiento le llamamos la *Aceptación*. Para disolver apropiadamente cualquier conflicto emocional, debemos adoptar (*el mayor grado posible de objetividad*) antes de utilizar razonamiento y la reflexión para resolverlo.

2- La Percepción de Peligro o El Estrés

El Estrés, no es nada más que una emoción con la percepción de peligro. El sentido natural de supervivencia nos dicta escapar o defendernos cuando percibimos la sensación de peligro. Ésta sensación, está grabada en nuestros genes por la evolución de nuestra especie y se clasifica como un instinto natural del ser humano. Sin este instinto nuestra especie no habría sobrevivido y evolucionado en la tierra. Curiosamente nuestra sociedad se ha desarrollado en muchos aspectos más rápido que nuestro cerebro.

Constantemente estamos bombardeados por ilusiones de peligro que verdaderamente no existen. Tenemos la sensación de escapar, pelear o defendernos en cada momento a causa de nuestro instinto o nuestra forma de reaccionar a la percepción del peligro. La realidad es que en la sociedad moderna que vivimos no corremos para escapar y no peleamos para defendernos, la mayor parte del tiempo.

Experimentamos la sensación de peligro sin tener la opción de reaccionar según nuestro instinto nos indica. Al no actuar en acorde con nuestros instintos la mente se posiciona automáticamente en un conflicto con nuestra percepción de la realidad. Cuando examinamos la causa del sufrimiento entendemos que el conflicto emocional es el causante del estrés. El Estrés es la forma favorita para describir el fenómeno natural conflictivo del ser humano moderno.

Al igual que con otros conflictos emocionales, es posible reducir o eliminar el estrés a través de la solución de conflictos y el control de nuestras emociones. Conocer el funcionamiento del estrés, es el primer paso para resolverlo. El segundo paso es utilizar la razón y la reflexión objetivamente para eliminar la percepción de peligro y erradicar el estrés. Controlar el estrés es una de las virtudes que te provee la claridad mental.

3- Control de La Resistencia

Para nuestros propósitos, la Resistencia se refiere a una fuerza que nos frena o nos aguanta. Esta fuerza siempre está con nosotros y trabaja para detenernos al actuar y realizar lo que deseamos. La Resistencia es una reacción instintiva de supervivencia que está gravada en nuestra conciencia genética por la evolución del ser humano. La misma existe para ponernos alerta y evitar condiciones que pueden causarnos algún daño. Sin este mecanismo de alerta y supervivencia los seres humanos no hubieran subsistido en la tierra y estaríamos extintos.

En el desarrollo primitivo del ser humano, la Resistencia nos forzaba a evaluar situaciones de peligro con antelación para compararlas con experiencias pasadas y formular una estrategia eficiente de supervivencia. El mecanismo de la Resistencia funciona de diversas maneras, pero la más común es, la que te obliga a reevaluar tus acciones utilizando sensaciones o emociones de ansiedad, pesadez, sueño, depresión o peligro. Éste mecanismo causa que te sientas renuente o dudoso de la acción o el trabajó que vas emprender o a comenzar. Por consiguiente, te obliga a reevaluar tu situación y convencerte nuevamente de que estás haciendo lo correcto o lo incorrecto.

El mecanismo de Resistencia es similar al instinto de (*pelear o correr*), pero, precede a este por un periodo de tiempo indefinido, en el cual tu mente esta conciente de que no existe ningún peligro inmediato. De este modo tu mente se concentra en desarrollar las estrategias para obtener lo que necesita con el menor riesgo y esfuerzo posible. El desarrollo de estrategias nos permite conservar energía y aumentar nuestra posibilidad de supervivencia.

Despertar en la mañana, hacer ejercicios, trabajar o hacer dieta son solo algunas de las acciones en que la Resistencia ataca nuestra conciencia y nos obliga a reevaluar lo que debemos hacer. Ésta fuerza instintiva te obliga periódicamente a reevaluar tus acciones y tus estrategias utilizando emociones negativas como la tristeza, la depresión, la furia, la irritabilidad o una sensación de incomodidad, para llamar tu atención y obligarte a reevaluar tu posición o tus decisiones previas.

Existen formas de controlar el instinto de Resistencia. Una de estas es negarte a reevaluar tu situación, tus decisiones previas o reanalizar contigo mismo la condición de tu estatus. Los efectos negativos de la resistencia se revelan cuando detienes tus acciones para analizar tu situación o estrategia sin ninguna necesidad y te detienes o permaneces renuente a cumplir cualquier obligación o tarea. En ese momento caes en la trampa de la Resistencia y te detienes o te sientes renuente a completar cualquier acción. Para evitar o controlar los efectos de la Resistencia debemos comprender claramente el funcionamiento de este fenómeno y aplicar las siguientes técnicas.

La magia para controlar la resistencia esta en escoger las situaciones que no están sujetas a evaluación o negociación y ejercer este deseo precisamente cuando el instinto de resistencia te ataque. En otras palabras; sigue tu acción y no te detengas a pensar porqué, cuándo, o cómo, puedes evitar el esfuerzo, la acción o el progreso de cualquier objetivo. De esta forma puedes concentrarte en la acción y no en el análisis de la acción misma.

El análisis es esencial para planear proyectar y visualizar nuestro futuro, pero, debemos escoger el momento correcto de analizar las cosas y tomar decisiones firmes que perduren hasta el momento adecuado y necesario de reevaluar las mismas. De esta forma evitas sobre analizar cada paso que vas a dar en tu día y por consiguiente evitas los efectos negativos de la Resistencia.

La resistencia es necesaria para mantenerte fuera de peligro, ejecutar acciones eficientes y formular estrategias efectivas. La misma siempre será parte de tu instinto de su-pervivencia y puedes aprender a manejarla según tus deseos, metas y objetivos te lo indiquen. En conclusión; el control de la resistencia te permitirá alcanzar tus metas y objetivos utilizando un esfuerzo mínimo y disfrutar del proceso para lograrlas.

4- Control de los Pensamientos

Muchos hombres sabios han expresado que los seres humanos (*somos lo que pensamos*). Podemos concentrarnos en pensamientos positivos como la alegría, el amor, la paz, la abundancia, el placer y la satisfacción. Al concentrar nues-tra mente en estos pensamientos positivos, podemos sentir las emociones placenteras que los acompañan.

Cuando pensamos en momentos de gracia se nos hace muy fácil sentirnos alegres. Cuando pensamos en incomo-didades y tragedias es fácil sentirnos incómodos y tristes. Tener pensamientos negativos como la envidia, la vergüenza y la ira entre otros, crea incomodidad y sufrimiento emo-cional, porque estos pensamientos vienen acompañados de experiencias y recuerdos de sufrimiento.

La persona que se concentra en pensamientos negativos está destinada a vivir una vida de aborrecimiento e infelicidad, ya que esos pensamientos están acompañados de emociones dolorosas. En contraste, las personas que mantienen pensamientos positivos viven un entorno tan placentero como el de sus propios pensamientos.

El control de tus pensamientos tiene tantos beneficios psicológicos como físicos. Los seres que tienen un estado mental claro padecen de menos enfermedades y viven más tiempo que el resto de la población. Por estas razones es tan importante controlar nuestros pensamientos y lograr un entorno placentero, tranquilo y feliz. En esencia, tu supervivencia depende del control de tus pensamientos.

Con esta realidad grabada en nuestra mente, nos damos a la tarea de aprender a controlar nuestros pensamientos y convertirnos en seres Claros. Los seres Claros están en control de sus pensamientos y de esta forma, determinan el desarrollo de su entorno y su destino. Si te lo propones, tú también puedes hacerlo.

Controlar nuestros pensamientos nos da el poder de escoger cómo queremos sentirnos en cualquier momento. Esto significa que las circunstancias de la vida que ahora determinan como te sientes, no tendrán poder sobre tus emociones. Esto es posible porque estar en control de tus pensamientos, te permite controlar tus emociones y de esta manera las circunstancias de la vida pierden su influencia sobre tus sentimientos.

Controlar tus pensamientos te permite decidir objetivamente cómo deseas sentirte en cada situación. Utilizando el control de tus pensamientos podrás escoger las emociones que deseas sentir y erradicar las que no deseas experimentar. El control de tus pensamientos puede parecer una tarea difícil, especialmente cuando estamos pasando por algún disturbio emocional. Realmente, el control emocional no es tan difícil cuando sigues las técnicas y conceptos apropiados.

Para lograr este control, deberás tener fe en tu capacidad personal y en los conceptos que ilustramos en este libro. También deberás entender que estos conceptos se complementan unos a otros y la combinación de los mismos es lo que hará posible el control de tus pensamientos de forma paulatina y gradiente. Esto significa, que irás adquiriendo mayor control de tus pensamientos gradualmente. Es decir, según aumenta tu conocimiento de las técnicas y la práctica de las mismas, aumentara tu control. ¡La práctica hará la perfección! La práctica persistente del control de tus pensamientos te permitirá alcanzar el sentido de paz mental y emocional que experimentaras en el estado Claro.

Ahora sabemos que el control de los pensamientos

es la solución para controlar nuestros sentimientos y emociones. Pero, ¿cómo podemos lograr el control de nuestros pensamientos? Existen varias técnicas para lograr este cometido: el razonamiento, la meditación, la visualización, la proyección, el mantra y la combinación de todas las técnicas de autocontrol.

El estudio de cada técnica te dará una idea más concreta de cómo aplicar el concepto del control de tus pensamientos. El control de nuestros pensamientos comienza al tomar una decisión firme de estar conscientes en todo momento de los pensamientos que llevamos en nuestra mente. Estos pensamientos pueden ser buenos o malos, positivos o negativos y constructivos o destructivos. Al estar consciente de tus pensamientos, tendrás la oportunidad de dirigir tu mente hacia pensamientos positivos. Dirigir o controlar tus pensamientos requiere un grado razonable de esfuerzo.

Para desarrollar la habilidad de controlar tus pensamientos es necesario practicar el razonamiento y la reflexión profunda en este concepto. La sección 7 (Desarrollo del Ser Claro) ilustra en detalle esta práctica.

5- La Pregunta Correcta

Darnos cuenta de nuestra condición de estatus y reconocer la misma, es parte del proceso de mejorar nuestra calidad de vida. Una condición podría ser; estar sobrepeso, fumar en exceso o consumir demasiado alcohol. Algunas personas quedan estancadas en esta etapa, porque al darse cuenta de su problema o situación se devalúan a sí mismos al punto de la depresión. Posteriormente, vuelven a la negación de su condición para no sentir los efectos dolorosos de su realidad y nunca comienzan a resolver sus problemas. Otros se resignan a su condición y tratan de ignorar las consecuencias negativas de sus decisiones.

Éste es el círculo vicioso e interminable de las personas que no logran cambiar positivamente su destino. Aunque existan formas de remediar la situación, estas personas se ven obligadas a sufrir las consecuencias negativas de su condición, como la incapacidad o la muerte temprana. Posteriormente se preguntan: ¿Por qué me está pasando esto a mí? y razonan las respuestas más convenientes para justificar su condición y sus acciones.

La pregunta correcta es la herramienta más poderosa para romper este círculo vicioso. Sólo debemos hacernos la pregunta: ¿Qué puedo hacer para cambiar positivamente mi condición actual? Toda tu concentración debe estar dirigida hacia esta pregunta. Te darás cuenta que en poco tiempo las contestaciones que necesitas se aclararán en tu mente y encontraras, como debes proceder. Cuando te haces la pregunta correcta, la vida misma te brinda las respuestas.

En ocasiones debemos ser pacientes y permitir que las contestaciones surjan por sí solas, sin forzar el proceso. Cuando miras al pasado con detenimiento, sinceridad, y objetividad, éste provee muchas respuestas. También debemos ser sensibles y permitir que varias respuestas aparentes germinen en nuestra mente, para luego seleccionar la más apropiada.

Utiliza tu sentido común, no te desesperes, sé paciente y las contestaciones que buscas llegarán a ti, por medio de la vida misma.   Esto no significa que si te acuestas a dormir por una semana todas tus preguntas serán contestadas. Las respuestas llegan a través de las acciones, como leer un libro, ver una película, conversar con un amigo o por asistencia profesional. No existe ninguna forma específica para encontrar respuestas. Éstas podrían llegar por deducción propia o escuchando una conversación ajena en un elevador.

La pregunta correcta es un concepto universal que se puede utilizar, tanto para salvar una relación matrimonial, como para encontrar un nuevo amor.

6- La Acción y la Decisión

La acción es un término muy simple que significa, comenzar un movimiento, ejercer un avance, tomar una decisión o poner algo en progreso. La acción es el comienzo de cualquier solución. El autoanálisis es la acción inicial que tomamos para definir nuestro estatus y reconocer la situación con la que vamos a lidiar.

Podemos analizar nuestro estatus social, económico, sentimental, emocional, espiritual o físico. La acción comienza con la decisión de hacer un análisis de tu estado de situación. La acción de tomar decisiones con el propósito de mejorar tu condición de vida nunca termina, puesto que, continuamente confrontamos situaciones que nos requieren escoger lo que queremos.

Reaccionamos espontáneamente a causa del estrés, la ansiedad, el mal humor, el hambre o la ira. Estas reacciones no se consideran parte del concepto de "la acción y la decisión" porque no conllevan el análisis y uso del razonamiento o la reflexión. Este tipo de reacción es automática o instintiva porque no incluye un análisis claro de la situación antes de tomar la decisión o la acción. Las reacciones automáticas o instintivas son mayormente momentáneas. Estas carecen de una intención especifica y un propósito que deseamos llevar a cabo a largo plazo.

La mayor parte de los seres humanos formulamos una intención o un propósito para motivarnos a perseguir una meta o un objetivo específico. Por ejemplo, nuestra intención principal es vivir en un estado ideal de satisfacción y felicidad; nuestro objetivo para lograrlo, es alcanzar un estado específico de claridad mental.

Sin embargo, debemos aclarar que la intención o el propósito por sí sólos no resuelven nada. Estos te proveen una excusa para decirte a ti y a otras personas, que tenías la buena intención o el propósito de hacer algo que no has hecho. La intención por sí sola no crea o cambia nada, simplemente mantiene la situación actual e influye en empeorarla.

Tomar acción sobre tus intenciones o tus propósitos creará inevitablemente cambios positivos en tu vida. Definir nuestras intenciones y tomar acción sobre estas es esencial para alcanzar nuestros sueños y nuestras metas en cualquier área de nuestras vidas. Por otra parte, es esencial aclarar que tomar acción sin definir una intención o un propósito claro, se convierte un desperdicio de tus esfuerzos. Cuando no existe un propósito definido, nuestras acciones se mantienen totalmente desorganizadas y nuestra influencia es muy dispersa para generar cambios positivos. La acción sin propósito puede crear resultados inesperados y detrimentales en tu vida.

Es como un bote sin timón que se mueve en cualquier dirección, a donde el viento y las olas lo lleven. Al no ser capaz de trazar su rumbo, este no puede contar con un destino predecidle y queda a la merced de encajarse y hundirse. El timón que guía la acción es la intención o el propósito que hayas escogido. Todas las acciones y decisiones que tomamos deben tener un propósito o un destino específico. De esta forma, nuestras acciones tendrán una dirección definida y nos llevarán al destino o resultado que deseamos.

Nuestras decisiones deberán ser firmes e inquebrantables cuando se trata de resolver condiciones de estatus. Si decidimos que nuestra intención es experimentar una vida feliz, llena de logros y experiencias memorables, entonces nuestras decisiones y acciones deberán estar dirigidas a este propósito. Para lograr este propósito, tus acciones no deberán contradecir tus aspiraciones. Tus decisiones, tampoco deberán contradecir tus intenciones establecidas. De esta forma, tendrás todos los aspectos de tu vida trabajando a tu favor para hacer tus deseos o tus sueños realidad.

7- Propósito y Ambición

Podemos tener miles de propósitos, pero el propósito al que nos referimos es tu propósito de vida. Éste no es el propósito que te impuso una fuerza mayor o algún dios universal, para que lo cumplas en la tierra. Éste es el propósito que tú tienes con tu propia vida o tu ambición. Esto significa, lo que quieres hacer o lo que quieres ser en la tierra.

Vives para explorar alguna experiencia, para lograr alguna meta, para servir algún propósito individual o para servirle a otros. ¿Sabes cuál es tu ambición o para qué propósito personal vives? Si no lo sabes, averígualo, o siempre te encontrarás en problemas. Quien no escoge un propósito claro en la vida, recibe lo peor del universo. Ésta es una regla inquebrantable de la vida.

Nuestra existencia en este universo nos da el poder de escoger lo que queremos. De la misma forma, Dios te dio el poder de escoger el propósito de tu existencia en la tierra. No hay que esperar que la casualidad del universo escoja el propósito de tu vida, por ti. Utiliza el poder divino que tienes de escoger lo que deseas y escoge el propósito por el cual deseas vivir.

Tener un propósito personal o ambición noble en la vida, ha sido identificado por muchos sabios como el secreto y la fundación de la felicidad misma. El hecho de tener un propósito definido en esta tierra le da un significado positivo a la vida. Vivir para algo o por algo que requiere tiempo y dedicación, es en esencia, lo que necesita cualquier ser humano para darle sentido y significado a su vida. Los niños tienen un propósito de vida muy claro y éste es explorar y descubrir la vida misma.

Por razones de la naturaleza humana y de la sociedad en que vivimos, los adultos necesitan definir con más exactitud cuál es el propósito de sus vidas. Tenemos la necesidad instintiva de darle importancia y propósito a nuestras vidas para poder sentirnos útiles y alegres. Aparte de que esta necesidad es instintiva, la estructura de la sociedad moderna influye grandemente en este fenómeno, porque todos los ídolos aparentan tener un propósito de vida muy claro y son capaces de ejercerlo, como lo hacen los músicos famosos, artistas, deportistas, etcétera.

Los cambios en las etapas de vida, como las tragedias y las decepciones en general, tienden a disolver los propósitos de vida que tenemos ya estructurados. Por ejemplo, el retiro laboral, hijos que abandonan el hogar, el divorcio, la insolvencia económica, la salud, la muerte de un familiar y la vejéz son sólo alguna de ellas. En estas circunstancias debemos encontrar otro propósito que nos devuelva el significado y la razón de vivir. Tu propósito de vida puede ser la dedicación a cualquier cosa que te interese y te haga sentir feliz. Solamente tú puedes escoger tu propósito. Es bien interesante que inventores famosos como Einstein y Tesla tuvieran propósitos de vida muy claros y estaban dedicados un 100% a lograr sus propósitos.

Prácticamente todos los millonarios de fortuna propia

han admitido en entrevistas que su propósito principal de vida era el desarrollo de sus negocios. En contraste, Mahatma Gandhi también tenía un propósito de vida bien claro y éste era liberar su pueblo de la esclavitud económica del algodón. En general, las personas con propósitos de vida claramente definidos, tienden a lograr sus objetivos y experimentar vidas más completas y felices. Un propósito de vida noble te da la voluntad de llevar a cabo todas las taréas necesarias para el cumplimiento del mismo. Tener un propósito definido en la vida, forma parte de mantener el estado de claridad mental, en tu conciencia.

Las personas que poseen una claridad mental óptima unen sus propósitos de vida con sus trabajos y también generan sustento de estos. La mayor parte de los deportistas son un ejemplo claro de esto. Los peloteros ganan millones jugando el mismo juego que practicaban cuando niños. Tu claridad mental depende en gran parte de escoger tu propósito de vida. El que no escoge un propósito claro en la vida, queda expuesto a de que el destino escoja por el.

Jesucristo tuvo un propósito muy claro en su vida y lo llevo a cabo para en bien de la humanidad. En contraste, Adolfo Hitler también tuvo un propósito muy claro y lo llevo a cabo para la destrucción del hombre. Asegúrate de escoger un propósito de vida que contribuya al bienestar del planeta y de la humanidad.

8- Visión y Proyección

Para nuestros propósitos la Visión significa, mirar hacia el futuro e imaginar con claridad tu estado de situación en un momento específico del tiempo. Nuestra taréa es imaginar cómo queremos estar en un futuro relativamente lejano y grabar estas imágenes en nuestra mente como nuestro objetivo o meta.

Podemos asistir al ejercicio de visión y protección con la escritura, las imágenes, o sistemas audiovisuales que ilustren el estatus que deseamos visualizar en nuestro futuro. La escritura, las imágenes y el audio nos permiten crear una imagen más clara de lo que queremos para nuestro futuro. Podemos crear una visión de nuestro estado de salud física, emocional, mental o espiritual y de los bienes materiales que deseamos poseer. También podemos visualizar nuestro trabajo, relación amorosa, nuestros hijos o nuestra futura familia.

El propósito de utilizar el concepto de la visión es recrear el futuro que deseamos en nuestro presente con nuestra imaginación, para aceptarlo como un destino real de nuestra vida. Cuando convertimos nuestra visión en nuestro destino y lo aceptamos sin condiciones, estamos pronosticando nuestro propio futuro y creando nuestro destino.

Por ejemplo, un estudiante de escuela superior se visualiza en su destino como ingeniero, acepta las condiciones requeridas para lograrlo, es responsable consigo mismo y se titula como ingeniero. Ésto es posible porque estuvo dispuesto a recorrer el camino y pasar por el proceso necesario para realizar su visión. La magia de la visión está en aceptar las condiciones del camino hacia tu destino y disfrutar del viaje. Esto significa que vas a disfrutar cada paso del desarrollo hacia tu objetivo, tanto como disfrutarás la culminación del mismo.

Si aceptamos las condiciones impredecibles que nos encontramos en el proceso de lograr cualquier objetivo, garantizamos el logro del mismo. Esto es posible porque todos los objetivos y metas se logran mediante el conjunto de pasos que llevamos a cabo durante el proceso de su creación. En otras palabras, si llevamos a cabo correctamente el número de pasos necesarios para lograr nuestro objetivo, es muy poco probable que no se haga realidad. Esto significa, que el conjunto de los pasos hace realidad los objetivos y las metas que identificamos para nuestro futuro. Los objetivos nos dan la dirección exacta en nuestro mapa mental y la dirección hacia donde deseamos encaminarnos. De esta manera, utilizamos la visión y la proyección para identificar claramente nuestro destino y escoger un camino seguro para lograr nuestros objetivos.

La Proyección y la Visión son conceptos muy similares. La diferencia estriba en que la proyección se utiliza a corto plazo y es segmentada en varios escalones progresivos hasta llegar a la visión final que identificamos como nuestra meta. Una vez nuestra visión sea clara, procedemos a proyectar las etapas requeridas para alcanzar nuestra meta. Según segmentamos nuestras metas, podemos apreciar con más claridad los pasos necesarios que vamos a tomar para llegar a ellas. De esta forma creamos un plan definido para cumplir con nuestra visión y nuestros propósitos.

9- La Predisposición

La predisposición significa dar por hecho un resultado antes de que ocurra. La misma se puede utilizar de forma positiva o negativa. A menudo utilizamos la predisposición en nuestra contra y saboteamos nuestros objetivos y metas. Por ejemplo, una mañana te diriges a tu auto y encuentras un neumático vacío. Te enfureces y te dices: "Este será uno de esos días". Has dado por hecho que nada te va a salir bien durante todo ese día. La realidad es que no te equivocaste, porque todo en el día te salió muy mal.

La predisposición es un concepto muy poderoso porque influye físicamente con la realidad en que vives. Al imponerte que todo va salir mal, realmente creas tu propio destino. Inmediatamente tu percepción de la realidad cambia, para reconocer todos los sucesos negativos que puedan ocurrirte. En otras palabras, te predispones para ver el lado malo de las situaciones y obviar el bueno. Inconscientemente, confirmas tu predisposición negativa para no equivocarte en tu pronóstico de que todo te saldrá mal y terminas saboteando tu propio entorno y tu día.

En ese estado mental no eres capaz de identificar las oportunidades y las situaciones positivas que se presentan durante tu día. Automáticamente eliminas la posibilidad de sucesos positivos en tu realidad. Por esta razón, sabemos que *"tú eres el creador de tu propia realidad y tu destino"*. Afortunadamente, la predisposición puede ser utilizada positivamente de la misma manera. Si predispones que tendrás un buen día, independientemente de encontrar algún tropiezo o inconveniente, tú percepción de la realidad será positiva y tendrás un día más placentero y feliz.

Al predisponer un entorno positivo, podrás adoptar una buena actitud hacia las situaciones que se presenten en tu día y ésta predisposición te permitirá reconocer las oportunidades positivas que atraviesen tu día. Con una buena actitud podrás manejar tu entorno de forma alegre y positiva. Este es el estado mental ideal para explotar todas las oportunidades y beneficios que se revelaran en tu vida diaria.

En esencia, puedes decirte a ti mismo "hoy, voy a pasarla bien sin importar las complicaciones que se me presenten". Recuerda que tú creas tu propia realidad y tu destino. Tu actitud y tu forma de reaccionar hacia las situaciones diarias de la vida pueden determinar tu percepción de la realidad en una forma positiva o negativa, consecuentemente afectando tu entorno y tu futuro. Controlar apropiadamente tus emociones, es una herramienta esencial para practicar la predisposición positiva. Quien no controla sus emociones, siempre queda dominado por predisposiciones negativas que lo perjudican y se condena a vivir un entorno lleno de incomodidades y obstáculos.

En el libro titulado *El Secreto*, la predisposición es realmente "El Secreto". Este libro expone que tus pensamientos están atados a vibraciones cósmicas del universo y esta conexión hace posible que puedas atraer los objetos y las situaciones que predispones o deseas con tu pensamiento. En otras palabras a través de tus pensamientos puedes atraer las cosas buenas o malas a tu vida.

Independientemente, que creas o no en el mensaje que nos da "El Secreto"; esta comprobado que la predisposición tiene gran influencia sobre la percepción de tu realidad. Es obvio que las personas muy negativas no disfrutan el grado de felicidad y satisfacción que las personas positivas suelen disfrutar la mayor parte del tiempo. No es necesario creer en la teoría de "El Secreto" para que la predisposición positiva funcione, pero, creer en esa teoría añade un elemento metafísico que puede ser de ayuda en la práctica de la predisposición.

La conexión entre tus pensamientos y tu percepción de la realidad, hace que tu vida se afecte según tu predisposición lo disponga. Esto significa, que tus pensamientos pueden determinar la calidad de tu vida en tú presente y tú futuro. La predisposición puede atraer situaciones positivas y negativas a tu vida, según predomine uno de estos pensamientos en tu mente. Esto quiere decir, que si mantienes más pensamientos negativos que positivos experimentarás más situaciones negativas que positivas. Por lo contrario, si mantenemos pensamientos positivos la mayor parte del tiempo, experimentaremos más situaciones positivas que negativas y consecuentemente, nuestra calidad de vida mejora.

Existen varios factores que evitan a los seres humanos ser capaces de utilizar la predisposición para cambiar y mejorar sus vidas rápidamente. A estos factores los llamamos, Factores de Emergencia. Estos factores también evitan que podamos hacer cambios muy drásticos en nuestras vidas utilizando la predisposición.

Estos factores se ilustran a continuación.

Factores de Emergencia:

1- La Cancelación de Pensamientos

2- La Realidad

3- El Tiempo

4- El Requisito de la Claridad mental

Los factores funcionan como un freno de emergencia que nos protege de arruinar nuestras vidas en corto tiempo utilizando pensamientos negativos y pesimistas. De la misma forma que nos protegen de la ruina, también evitan que los desarrollos positivos ocurran demasiado rápido y se nos haga imposible adaptarnos a estos cambios. Los factores de emergencia se explican en detalle a continuación:

1- La Cancelación de Pensamientos

Los pensamientos negativos cancelan el beneficio de los pensamientos positivos y viceversa. Este efecto de cancelación y balance, causa que pierdas la influencia positiva en el desarrollo de los objetivos que has definido a corto o largo plazo. Esto significa, que debemos mantener una visión positiva del futuro la mayor parte del tiempo, para que la predisposición nos produzca el máximo de beneficios.

Es esencial aclarar que ser ciegamente positivo puede ser extremadamente peligroso, porque te ciega de ver los peligros y de evitar sus consecuencias. La magia de la predisposición positiva esta en reconocer el peligro para evitarlo mientras sea posible y esperar con optimismo el mejor de los resultados.

2- La Necesidad de Realidad:

La necesidad de reconocer nuestra realidad evita que podamos ser positivos todo el tiempo. Esto sucede porque, si no vemos el lado negativo de las cosas, no podremos prevenirlas o evitarlas. Por ejemplo, sino piensas que un auto te puede arrollar al cruzar la carretera, entonces no tendrás la malicia de evitarlo. La malicia y la previsión de escenarios o eventos negativos están gravadas en nuestros instintos y son esenciales para garantizar nuestra supervivencia. Este mecanismo nos mantiene al tanto de los peligros que nos rodean e influye específicamente el estrés común que sentimos diariamente.

Este factor es responsable de que la mayor parte de los seres humanos tengan un balance relativo entre ser positivos y negativos. La necesidad de ver la realidad también evita que podamos cambiar nuestras vidas de una forma drástica o acelerada utilizando la predisposición. En resumen, debemos reconocer el peligro y a la misma vez, mantener una visión positiva y optimista hacia el futuro para que la predisposición nos favorezca.

3- El Tiempo

El factor del tiempo es necesario para que las circunstancias que rodean al ser humano, se posicionen a su favor y seamos capaces de reconocerlas y explotarlas, para mejorar nuestra calidad de vida. Por ejemplo, la lectura de éste libro te presenta una gran oportunidad para mejorar tu condición actual de vida, pero, toma tiempo y esfuerzo comprenderlo y aplicarlo en tu vida diaria para disfrutar de todos sus beneficios. Todas las oportunidades de cambio requieren tiempo para madurar y otorgar su fruto.

El paso del tiempo, también es necesario para que las oportunidades de progreso se revelen en su debido momento y estemos listos para aprovecharlas. Por esta razón, debemos tener paciencia y conservar una mente positiva mientras transcurre el tiempo necesario para que nuestros deseos o metas se realicen.

4- El requisito de la Claridad Mental o el Estado Claro

La claridad mental es un requisito para que podamos

utilizar efectivamente la predisposición. Este es uno de los descubrimientos más importantes que se revelan en la publicación del libro *El Regalo*. El Estado Claro es la base que hace posible mejorar nuestras vidas a través del uso de la predisposición. Por tal razón, dedicaremos la próxima sección exclusivamente a este importante tema.

La realidad es que los seres humanos no somos capaces de mantener el positivismo mental por términos prolongados de tiempo. Esto se debe a los conflictos mentales que confrontamos continuamente en nuestro diario vivir y a conflictos del pasado que mantenemos sin resolver en nuestro subconsciente. También nos influyen todos los factores de emergencia antes mencionados. Todas estas condiciones y factores evitan que podamos mantener el positivismo a largo plazo o por el tiempo necesario para que la predisposición funcione efectivamente a nuestro favor.

Afortunadamente, es posible disipar las condiciones antes mencionadas a través del desarrollo de una mente clara o el estado Claro. Esto significa que después de alcanzar el estado de Claro seremos capaces de utilizar la predisposición positiva efectivamente para mejorar nuestra calidad de vida. Poseer claridad mental es la manera más efectiva para lograr que la predisposición funcione apropiadamente a nuestro beneficio.

Una vez comprendemos esta cruda realidad, nos damos a la tarea de alcanzar una mente clara antes de pretender que la predisposición o el "secreto" funcionen apropiadamente. ¿Pero cómo alcanzaremos la claridad mental deseada? Para alcanzar y mantener una mente clara debemos comprender y practicar todas las técnicas de autocontrol antes mencionadas. Todos lo conceptos de Meditología, como la practica de la espiritualidad y la meditación, asisten grandemente a este proceso de aclaración mental y espiritual.

La claridad mental nos permite ser positivos y estar vigilantes a las oportunidades de mejoría que se nos presentan a través del tiempo. La condición de claridad mental es la esencia de *"El Regalo"* y esta es necesaria para que la predisposición positiva funcione a nuestro favor. En conclusión; la *Predisposición positiva o el "Secreto" no funcionan sin antes poseer la Claridad Mental necesaria que te provee "El Regalo" o la Meditología.*

Puntos Clave de la Predisposición:

Primero: Es muy importante reconocer que la predisposición positiva puede mejorar tu calidad de vida y facilitar el alcance de tus metas y objetivos.

Segundo: La mayor parte de las personas no son capaces de utilizar efectivamente la predisposición debido a la necesidad de mantenerse en contacto con la realidad.

Tercero: El paso del tiempo es necesario para que la predisposición positiva sea realmente efectiva y pueda mejorar tu vida considerablemente.

Cuarto: La claridad mental es necesaria para la utilización efectiva de la predisposición positiva.

Quinto: Para mejorar nuestras vidas utilizando la predisposición o el secreto, debemos ser capaces de influenciar positivamente todos los factores de emergencia antes mencionados.

Aplicación simplificada
de los Conceptos de Autocontrol Mental

Los pensamientos o emociones negativas pueden surgir de cualquier conflicto actual o situación traumática del pasado; como la separación de un ser querido o una experiencia traumática de la niñez. A continuación, ilustramos un ejemplo de cómo podemos aplicar las técnicas y conceptos de autocontrol, para disipar conflictos mentales y restaurar la paz mental de nuestra conciencia al estado mental *Claro*.

Este es un ejemplo clásico de una persona que experimenta una vida de sufrimiento y no está realmente consciente de lo que está sucediendo:

Frances y Mónica son hermanas gemelas a quienes les encanta la naturaleza. Frances falleció hace cuatro años, debido a un accidente de auto en su último viaje de eco aventura. Mónica sufrió mucho la muerte de Frances. Ella no revive la separación conscientemente; pero continúa sintiendo emociones de tristeza y desolación, sin identificar la causa específica de las mismas.

Mónica reconoce sus sentimientos de tristeza y depresión, pero no se da cuenta de la causa específica de los mismos. En otras palabras, se siente triste y no sabe por qué. Ella se trata regularmente con fármacos para aliviar temporeramente su depresión y no se esfuerza en identificar la raíz de su condición o problema.

Mónica se reúne con su amiga Katia para discutir su situación y esta le indica que es obvio como desperdicia su vida con una actitud depresiva. Su amiga desea ayudarla y le recomienda unas lecturas de autoayuda.

Mónica analiza su situación y llega a la conclusión de que no tiene nada que perder al aceptar el consejo de su amiga. Finalmente decide educarse sobre su propia condición y poco después comienza la lectura de un libro llamado El Regalo.

Preguntas:

¿Cómo Mónica recuperó el control de sus pensamientos y se liberó del sufrimiento en que vivía?

¿Cómo ella se convirtió en un ser *Claro*, llenó su vida de satisfacción, felicidad y alegría?

Respuestas:

1- Mónica, razonó y reflexionó sobre su situación. Ella reconoció que su salud emocional era pésima y deseaba salir de su estado depresivo.

2- Se hizo las preguntas correctas: ¿Cómo podría salir de su estado emocional y encontrar la felicidad nuevamente en su vida? Esta encontró sus contestaciones a través de la auto-educación.

3- Descubrió cómo controlar sus pensamientos. Ella reconoció que utilizando los conceptos de autocontrol mental es posible controlar sus pensamientos en una forma positiva.

4- Tomó acción para mejorar su estatus emocional y aplicó los elementos de la felicidad y la espiritualidad en su vida.

A- Practicó la aceptación y se aceptó tal y como es.

B- Practicó el perdón a sí misma y a su prójimo.

C- Practicó la gratitud y dio gracias al universo por traerla hasta este momento de revelación, en su vida.

5- Escogió un propósito noble para ejercer en su vida. Siendo amante de la naturaleza, decidió envolverse en programas de conservación.

6- Proyectó y visualizó un destino de logros y una vida emocionalmente saludable y felíz.

7- Utilizo la claridad mental y logró el dominio de la predisposición positiva.

Más importante que cualquier otra cosa, Mónica tomó el tiempo y cumplió con la taréa de razonar y reflexionar positivamente a cerca de los conceptos antes mencionados. Mónica reconstruyó su mente y su conciencia alcanzando un estado mental *Claro* en el cual ella experimenta libertad de pensamiento, paz emocional y la sensación de alegría que sentimos todos los seres *Claros* de esta tierra. Ahora Mónica está lista para disfrutar el proceso o el camino hacia otros objetivos o metas que ella desee en su vida.

Conclusión de los Conceptos de Autocontrol Mental

Los conceptos de autocontrol funcionan directamente con nuestra primera dinámica. Desarrollando y balanceando la dinámica del Ser mismo para cultivar la claridad mental. La reconstrucción de tu conciencia y tu forma de pensar, es necesaria para alcanzar la claridad mental. La reconstrucción positiva de tu conciencia es posible a través del razonamiento y la reflexión en los conceptos de autocontrol que ilustramos. Estos conceptos, también fortalecen el deseo y la voluntad para alcanzar el estado Claro.

El conocimiento de estos conceptos te coloca en una posición privilegiada, porque te provee con las herramientas necesarias para resolver en una forma positiva, la mayor parte de los conflictos mentales que encontrarás a través de tu vida. Estos conceptos también te permitirán asistir a tus seres queridos a resolver sus conflictos emocionales y a desarrollarse al máximo como seres humanos. En conclusión, todas las técnicas de autocontrol se deben mantener latentes en tu conciencia para aplicarlas en cualquier momento de la vida que te lo requiera.

Los conceptos de autocontrol son más efectivos cuando se practican en estado de meditación. En la sección 7 ilustramos en detalle cómo se utiliza la meditación, junto a estos conceptos para obtener el estado mental *Claro* con más facilidad y rapidez.

Antes de entrar en el tema de la meditación, es muy importante establecer el tema de la espiritualidad. La espiritualidad puede ser considerada como otra forma de autocontrol y debemos conocerla en detalle. La siguiente sección esta dedicada específicamente a este importante tema.

Existen otros conceptos de autocontrol mental que puedes examinar en otras publicaciones de Meditología. Para más información favor de acceder la página cibernética (www.meditologia.org) o (www.meditology.org)

Puntos clave

* Los Conceptos de Autocontrol Mental se desarrollan en nuestra primera dinámica, El Ser Mismo.

* Los Conceptos de Autocontrol mental identifican detalladamente los mecanismos mentales que debemos utilizar para reorganizar nuestra conciencia de una forma positiva.

* Estos conceptos nos enseñan las habilidades que podemos utilizar para desarrollar el estado Claro.

* La reconstrucción de tu conciencia o tu forma de pensar, es necesaria para alcanzar la claridad mental.

* Todas las técnicas de autocontrol se deben mantener latentes en tu conciencia para aplicarlas en cualquier situación de la vida que te lo requiera.

* En esencia, los conceptos de autocontrol establecen una base emocional sólida, donde podemos cultivar nuestra claridad mental.

* En el estado Claro podrás experimentar una realidad armoniosa y libre de conflictos emocionales.

Sección 5
Desarrollo Espiritual

El desarrollo de la espiritualidad podría ser clasificado como otra forma de autocontrol mental. Utilizamos el mismo para darle control y dirección a nuestras vidas y nuestros pensamientos. La espiritualidad se compone de una serie de creencias y de la práctica ritualista de las mismas.

Religión, Disciplina o Filosofía

La espiritualidad no es una religión, sino un concepto adoptado por la mayoría de las religiones, civilizaciones, disciplinas y filosofías de vida.

Como, por ejemplo:

La Cienciología, es una religión.

El Cristianismo, es una religión.

El Islam, es una religión.

El Yoga, es una disciplina con varias filosofías de vida.

La Meditología, es una disciplina con filosofía de vida.

La mayoría de las anteriores creen en una entidad suprema a la que debemos agradecer por la creación de la vida y del Universo. Este se denomina como una entidad divina y omnipotente llamada; Dios, Alá, Espíritu Santo, Universo, Infinito, etcétera.

La Espiritualidad

La entidad suprema es sólo una parte del desarrollo de la espiritualidad. La otra parte es la creencia en tu alma o tu espíritu. La mayor parte de las disciplinas creen en la existencia del alma o el espíritu. La noción de que somos seres espirituales es tan antigua y aparece en tantas sociedades, que es imposible identificar su punto de origen.

En esencia, la espiritualidad es la creencia en una entidad eterna o un ser espiritual que adopta nuestro cuerpo en la gestación o el nacimiento del ser humano y nos acompaña por el transcurso de nuestras vidas naturales. Cuando llega nuestra muerte, esta entidad abandona el cuerpo y continúa su existencia en otro plano dimensional.

La mayor parte de las religiones reconocen el concepto de la espiritualidad y comparten la idea de que tu espíritu es parte de una fuerza mayor, identificada como Dios, El Creador, el Universo o el Infinito. Gran parte de los seres humanos aceptan esta creencia por fé ciega. Otros, aseguran tener evidencia del alma por experiencias propias. En ambos casos, la espiritualidad puede darle un significado extremadamente positivo a nuestras vidas. La necesidad de pertenecer a una fuerza mayor para darle significado o importancia a nuestras vidas, ha sido adoptada por la humanidad en general. Este concepto apela directamente a nuestro instinto de supervivencia y lo extiende más allá de la muerte y del tiempo.

El desarrollo espiritual comienza con las creencias y crece con la práctica. El crecimiento espiritual de un individuo depende de su interés en reconocer su propio espíritu y su Dios. De esta forma el ser humano es responsable de practicar la comunión con su alma o su dios según su crecía, religión o disciplina lo indique.

La espiritualidad no tiene nombre ni religión de preferencia; *Sólo es. Sólo existe.*

Ésta puede ser practicada por cualquier persona competente, que aprenda los pasos necesarios para ejercerla. La misma añade un elemento de fé y confianza a todas las metas que quieras alcanzar en tu vida. La espiritualidad le da sentido y propósito a nuestras vidas, y las llena de esperanza y paz. El control de nuestros pensamientos se hace más fácil de alcanzar, cuando contamos con la fé espiritual.

El Alma y el Ego

La creencia en el Alma es un concepto común en la mayoría de las religiones y en la humanidad en general. Lo más curioso del concepto del alma es, que las religiones en general no ha descrito exactamente cómo reconocer y detectar tu propia alma. Los conceptos generales del Alma se limitan a describirla en términos esotéricos que no nos ayudan a relacionarnos directamente con ella. Como por ejemplo; escuchamos que nuestra Alma es una entidad pura y divina que vive dentro de nosotros, pero no somos capases de detectarla porque esta lejos de la capacidad intelectual del ser humano. La verdad es, que esta noción no es cierta. Con la educación apropiada, es posible detectar, percibir y reconocer tu propia Alma.

Tu Alma es (*la percepción pura de tu existencia*). Esto significa que, el Alma es la parte de nuestra conciencia que percibe nuestra existencia únicamente y no esta influenciada por nuestro Ego o por nuestra historia. Debemos entender que es posible percibir tu Alma, de una manera muy similar a la que percibes tu existencia mientras lees este libro. La realidad es que normalmente no percibimos nuestra Alma durante nuestro entorno. La razón es que, tu Alma esta escondida por tu Historia y tu Ego dentro de tu Subconsciente.

La manera más simple de percibir tu alma es imaginarte como un infante de uno a dos años. Imagínate sin historia personal, sin experiencias de vida y sin ego de ninguna índole. En esta etapa de vida solo eres la percepción pura de tu existencia, o Tú Ser Objetivo, esa es tu Alma. Tú Alma y tu conciencia quedan unidas en armonía cuando naces, posteriormente tu historia y tu ego comienzan a esconderla, utilizando las experiencias de vida y las emociones.

Según crecemos, nos apegamos a todos los eventos y experiencias de la vida que se convierten en nuestra historia. Consecuentemente, nuestra conciencia comienza a identificarse más con nuestra historia y nuestro Ego y deja de identificarse con nuestra Alma. Por esta razón, perdemos paulatinamente la percepción de nuestra alma según adquirimos experiencias de vida y crecemos físicamente.

La percepción pura de nuestra existencia o el Alma, emanan del Universo, de Dios, de la Fuente Creadora, del Infinito o del Espacio, para quedar encerada en tu conciencia por el término natural de la vida. El alma es nuestra conexión con la Fuente Creadora. Cuando olvidamos nuestra historia emocional y nuestro Ego, entonces nos hacemos capaces de percibir nuevamente nuestra Alma como cuando éramos niños. Cuando percibimos la percepción pura de nuestra existencia, podemos apreciar el sentido de inmensidad, de calma y de armonía, que nos provee nuestra Alma.

La mayor parte de los seres humanos percibimos nuestra Alma ocasionalmente, sin reconocerlo. Cuando estamos totalmente envueltos en la admiración de la naturaleza o en un proceso creativo que parece fluir por obra divina o en la "Zona", percibimos nuestra alma. El problema que existente es, que no reconocemos nuestra alma cuando nos acercamos a ella. Estamos faltos del conocimiento espiritual necesario para identificar nuestra Alma cuando sale a flote y se nos revela.

Los seres humanos estamos muy atados al materialismo, al ego y a nuestra historia. No nos damos cuenta de la pureza espiritual que escondemos dentro de nuestra propia conciencia y buscamos la paz y la armonía en el mundo exterior. Cuando te encuentres en un instante divino de tu vida en el cual te olvidas totalmente de tu historia y tu ego por unos segundos, entonces percibirás un sentido de inmensidad, calma y armonía, muy maravilloso. Reconócelo como tu esencia, tu ser verdadero, porque esa es la percepción de tu Alma. La meditación controlada es la forma mas apropiada para percibir nuestra alma y conectarnos con nuestro Dios.

La Meditología y la Meditación Espiritual

"Existen muchas formas de practicar la espiritualidad. Mi forma favorita para ponerme en contacto con mi Alma y mi Dios es la meditación. La Meditología es una de las disciplinas dedicadas a este propósito y la podemos utilizar para practicar la comunión con nuestra Alma, tanto como para desarrollar el control de nuestros pensamientos. No importa a qué religión, grupo o disciplina pertenezcas; la meditación te permitirá practicar la Espiritualidad y acercarte a tu alma o tu Dios cuando lo desees.

La práctica de la meditación se ilustra en el Proceso de Claridad Mental que presentamos en la sección 7. Antes de entrar en el tema de meditación es esencial comprender los Principios Básicos de la Felicidad que se ilustran en la próxima sección.

Puntos clave

* La espiritualidad se compone de una serie de creencias y de la práctica ritualista de las mismas.

*La espiritualidad no es una religión, sino un concepto adoptado por la mayoría de las religiones, civilizaciones, disciplinas y filosofías de vida.

* El crecimiento espiritual de un ser humano depende de su interés en reconocer su propio Espíritu, su Alma y su Dios.

* Tu Alma o tu Espíritu es (*la percepción pura de tu existencia*).

* A través de la Meditología es posible detectar, percibir y reconocer tu propia Alma.

* No importa a qué religión, grupo o disciplina pertenezcas; la meditación te permitirá practicar la Espiritualidad y acercarte a tu alma o tu Dios cuando lo desees.

Sección 6
Principios Básicos
de la Felicidad

Existen 7 elementos o principios básicos, que son esenciales para alcanzar la felicidad verdadera. La combinación de estos principios hace posible que los seres humanos puedan experimentar un entorno libre de preocupaciones y emociones dolorosas. El simple hecho de razonar y reflexionar en estos 7 elementos puede trasformar tu vida de una experiencia dolorosa a una vida muy placentera.

Estos elementos son los siguientes:

1- La Voluntad

2- La Aceptación

3- El Perdón

4- El Amor

5- La Salud

6- La Gratitud

7- La Claridad Mental

1. La Voluntad

La Voluntad es una fuerza interior unida al deseo de crear o lograr algo. Cuando desarrollamos la voluntad de crear o de hacer algo nuevo en nuestra vida, vemos cómo nuestra fuerza de se une a nuestros deseos, para lograr nuestro objetivo. A menudo, tenemos el deseo de hacer un cambio pero no encontramos la fuerza de voluntad para lograrlo. En ocasiones, esa fuerza interna nos elude como si se estuviera escondiendo de nosotros.

Es posible que recuerdes algún momento de inspiración en tu vida, que te motivó a perseguir alguna meta; pero después te encontraste en dificultades y abandonaste la misma. ¿Qué pasó? La voluntad te abandonó o quizás tú abandonaste tu voluntad y tus deseos de logro, por la incomodidad de un simple tropiezo.

La voluntad es una fuerza que debemos cultivar y mantener muy cerca de nuestro ser para no perderla. La misma es como un niño que tenemos que proteger y educar para que crezca haciendo el bien. Cuando contamos con fuerza de voluntad, nuestras metas y objetivos son claros y firmes. De este modo, la voluntad nos otorga seguridad emocional y claridad mental en el trascurso de alcanzar nuestras metas. La voluntad puede nacer en un momento de inspiración o desesperación cuando te propones resolver o lograr algo en tu vida.

No importa la situación de donde nace tu voluntad; lo que realmente importa, es cuan firme y final es la decisión que tomes. Tu decisión de crear, alcanzar o lograr algo, es la base en donde tu voluntad se deposita y sobrevive. Generalmente tomamos decisiones rápidas después de analizar brevemente cualquier situación. Pero cuando las decisiones son de más envergadura como romper un vicio, tenemos que hacer un análisis más detallado y llegar a una decisión final y firme. Esto es necesario para que nuestra voluntad quede basada en premisas sólidas y nuestras decisiones sean duraderas.

De esta manera tu decisión apoya tu fuerza de voluntad y tu fuerza de voluntad te dará el control para lidiar con las complicaciones que puedas encontrar en el camino hacia lograr tu objetivo. Tú fuerza de voluntad dependerá de la firmeza que impongas en tus decisiones y el esfuerzo que estés dispuesto a invertir para lograr lo que deseas. Si nuestro objetivo es alcanzar la felicidad y la riqueza, entonces, la fuerza de voluntad será el primer camino que nos llevará hacia esta meta.

2. La Aceptación

Para nuestros propósitos, la aceptación significa aceptar la condición actual de tu vida. Esto requiere entender que aceptarás tu vida tal y como es actualmente sin reproches o quejas. Tendrás que aceptar tu condición física, emocional, amorosa, económica o familiar completamente. Debes entender que tú eres el mayor contribuyente de la condición actual de tu vida y tienes que tomar la responsabilidad por esta. ¡De eso se trata la aceptación!

Todos los seres humanos tomamos decisiones y asumimos actitudes que nos llevan por diferentes caminos hacia nuestra situación actual en la vida. En algún momento evaluamos lo que hicimos bien o mal y tenemos que afrontar el resultado de nuestras decisiones. Tu condición de vida actual es el resultado de tus decisiones. Es tan simple como una persona que decide estudiar una profesión. Al cabo de cinco años se titula como graduado y un par de años después se da cuenta de que no puede mantener su familia con esta profesión.

La aceptación se trata de asumir la responsabilidad por tus decisiones y aceptarlas sin condición o reproches. Una vez seas capaz de aceptar tus errores, se te hará fácil aceptar tu condición actual de vida. Podrás notar que este ejercicio es similar al concepto del perdón. La gran diferencia estriba, en que después de practicar la aceptación y asumir responsabilidad por tu situación, deberás practicar el perdón y perdonarte a ti mismo por todos los errores o acciones negativas que has tomado en la vida. Llevar a cabo el ejercicio de la aceptación te dará una perspectiva positiva en tu vida.

En esencia, lograr la aceptación de tu condición actual, te permite comenzar una vida nueva, porque te coloca en un presente totalmente nuevo y fresco. Podrás comenzar a trabajar con tu vida, libre de excusas y culpas del pasado. En algunas religiones describen este fenómeno como volver a nacer, convertirse o liberarse de pecados.

Este concepto te permitirá colocarte en el estado emocional ideal para comenzar a desarrollarte como un ser Claro, libre de reproches del pasado. Estarás en armonía con tu presente y tendrás el poder de hacer cambios en tu vida que influirán positivamente en tu entorno y tu destino.

3. El Perdón

El perdón es un concepto abstracto con el cual todos los seres humanos tenemos que lidiar diariamente. ¿Pero qué exactamente significa el perdón para ti? Mi definición favorita del perdón es la siguiente: *(Aprender a vivir en paz y armonía con las experiencias pasadas y presentes, que te han causado dolor emocional, sin experimentar sentimientos negativos al recordarlas).* Como por ejemplo: sentir ira, rencor, odio, vergüenza, tristeza, venganza o ansiedad. Las anteriores son emociones negativas y son las principales causantes del sufrimiento en los seres humanos.

La importancia del perdón estriba en que éste puede librarte de experimentar o revivir las emociones negativas antes mencionadas, y por consiguiente, puede liberarte del sufrimiento. Algo muy peculiar del perdón es que sino eres capaz de perdonarte a ti mismo será muy difícil perdonar a los demás y viceversa.

El perdón verdadero comienza cuando te perdonas a ti mismo por todas las situaciones y experiencias que inconscientemente tú mismo has creado. Esto podría ser una taréa ardua para las personas que no reconocen sus errores y siempre culpan a los demás por sus decepciones. El propósito del perdón es que puedas asumir la responsabilidad por tu pasado y seas capaz de perdonarte a ti mismo, antes que a nadie. De esta forma, te liberas de las emociones inconscientes de culpa que afectan negativamente tu entorno o tu diario vivir.

Una vez logres perdonarte a ti mismo, entonces estarás en posición de perdonar a tu prójimo y de liberarte totalmente de las emociones dolorosas que causan el sufrimiento y el dolor emocional. El perdón es una parte integral para llegar al estado mental *Claro* que deseamos.

4. El Amor

El Amor puede interpretarse de muchas formas. Para nuestros propósitos identificaremos el Amor verdadero como (*El conjunto de sentimientos y emociones de apego, bienestar y placer que sentimos por alguien o por algo que cautiva nuestra atención*).

El Amor puede ser tan racional como irracional. No existen parámetros específicos para desarrollar Amor por alguien o por algo. Podemos Amar algo que nos hace bien tanto como algo que nos hace el mal. Este puede ser creativo o destructivo, pero en esencia, el Amor esta basado en sentimientos y emociones de placer que deseamos poseer o conservar a toda costa.

Los seres humanos llegamos a extremos ridículos para mantener las condiciones que alimentan nuestros sentimientos o emociones de Amor y estamos dispuestos a sufrir por conservar los mismos. El Amor verdadero es reciprocidad sin egoísmo. Se entrega y se recibe sin motivos alternos de ganancia y sólo por el hecho del intercambio.

La mayor parte de los seres humanos relacionamos el Amor con algo externo como otra persona o grupo que provee la fuente del Amor en nuestras vidas. Creemos que la pareja, los hijos, la familia, los amigos y las pasiones son las únicas fuentes de Amor que podemos disfrutar. Aunque ésta creencia sea parcialmente cierta, debemos reconocer que existen otras fuentes de Amor que podemos disfrutar en nuestras vidas como, el Amor propio

El Amor propio es solo una de las fuentes internas de Amor. Podemos experimentar sentimientos de Amor por nosotros, nuestra Alma o nuestro Dios. Disfrutar del Amor en cualquier forma o modo comienza por el Amor propio.

Cuando compartimos el Amor, cuidamos y atesoramos lo que amamos. De la misma manera, debemos cuidarnos y atesorarnos a nosotros mismos, a nuestra Alma y a nuestro Dios.

Los seres que nos aman también desean que nos amemos y cuidemos de nosotros mismos, tanto como cuidamos de ellos. ¿Como podrás Amar verdaderamente a otra persona, si no puedes amarte a ti mismo? La respuesta es muy sencilla. Para experimentar el amor verdadero deberás amarte a ti mismo tanto como puedes amar a los demás. El Amor propio te permite experimentar una perspectiva diferente que el Amor a tu prójimo, porque tú, estás en control del amor que das, al igual del que recibes. Ésta es la única forma de Amor en la cual solo tú tienes el control de ambas fuentes de Amor.

Piensa en el bien que le deseas a tus seres queridos y

los sacrificios que estarías dispuesto a hacer por ellos. De la misma forma el amor propio te permitirá hacer los sacrificios necesarios para tu bienestar, como por ejemplo, bajar de peso o dejar de fumar. Ejercer Amor propio te permitirá forjar tu propio bienestar y como consecuencia, crearás el bienestar de tus seres queridos y del ambiente que los rodea.

El Amor Propio te proveerá una fuerza de voluntad asombrosa. Este amor forma parte de nuestra fuerza de voluntad y es necesario para despertar el deseo de mejorar nuestra calidad de vida. Sin duda alguna, uno de los propósitos de nuestra existencia es experimentar el Amor verdadero y este propósito comienza por amarte a ti mismo. Es por esta razón que el Amor Propio es uno de los elementos básicos de la Felicidad.

5. La Salud

La Salud puede ser definida como, (*un estado en el cual el organismo ejerce todas sus funciones naturales de forma ideal, para asegurar la supervivencia del individuo*). La buena salud nos permite ejercer al máximo nuestras capacidades y perseguir nuestros deseos más profundos. La Salud en general puede ser dividida en cinco reglones que se ilustran a continuación:

1- Salud Física

2- Salud Mental

3- Salud Emocional

4- Salud Espiritual

5- Salud Económica

1- Salud Física

La salud física es un tema de mucha controversia hoy en día. El sobrepeso y las enfermedades del corazón han llegado a niveles sin precedente. Los placeres y los excesos de la sociedad moderna han logrado que la expectativa general de vida se haya reducido de 75 años de edad a menos de 70 años en las últimas dos décadas

Es difícil de creer que este fenómeno esté ocurriendo ha pesar de muchos avances en la medicina moderna y la facilidad de obtener información de salud en la era moderna de la red cibernética. Después de un breve análisis, la razón principal se hace obvia. ¡No cuidamos apropiadamente nuestra salud! Cuidar de tu salud es parte integral de la felicidad. Con buena salud podemos ejercer el mayor grado de influencia para alcanzar nuestros sueños y lograr cualquier meta que deseamos.

Debemos encontrar un balance entre satisfacer nuestros placeres y cuidar de nuestra salud, para que la buena salud nos permita alcanzar nuestros sueños y aspiraciones.

2- Salud Mental

La salud mental de la sociedad moderna se encuentra en decadencia. Gran parte del problema es que adoptamos información errónea de nuestro ambiente. La información presentada por los medios esta dirigida a promover el consumismo. Por esta razón, el mensaje que nos transmiten es, que no podemos ser felices si no comemos golosinas o compramos algún artículo de moda.

Por lo general, los medios ofrecen un remedio temporero para controlar las ansiedades y el estrés que sufrimos en nuestra vida diaria, pero no presentan ninguna solución permanente. Debemos ser muy cuidadosos y descubrir el valor real de la información que recibimos de nuestro ambiente, antes de hacer esa información parte de nuestras vidas. Conservar tu salud mental queda totalmente en tus manos y solo tú serás responsable por encontrar la información clave que necesitas para conservarla.

Recuerda que tu salud mental es más importante que cualquier situación o problema en la vida, porque sin ella no serías capaz de resolver o mejorar ningún otro aspecto de tu vida.

3- Salud Emocional

Tener Salud Emocional significa conservar el control de tus emociones y tus sentimientos. Continuamente recibimos influencias exteriores que apelan a nuestros sentimientos con el propósito de manipularnos. Algunas influencias emocionales pueden ser simplemente situaciones trágicas de las que nos enteramos. Otras son decepciones que sufrimos por alguna pérdida material, amorosa o sentimental.

La realidad es, que mientras más control tengamos sobre nuestras emociones, más fácil se hace lidiar y resolver los conflictos y las paradojas que invaden nuestra mente y nos causan dolor emocional. Tu salud emocional depende de controlar tus emociones para que seas capáz de manejar los conflictos y las decepciones de la vida con objetividad, diligencia y tranquilidad.

4- Salud Espiritual

La salud espiritual significa mantener una relación armoniosa con nuestra Alma, nuestro Dios o nuestra Religión. Los beneficios de la espiritualidad son legendarios a través de la historia de la humanidad y se han discutido en detalle anteriormente en este libro. El aspecto más importante de la espiritualidad es que puedes utilizarla para mejorar tu calidad de vida y la de tus seres queridos.

Encontrar el beneficio y la armonía en tus creencias espirituales es la clave de tu salud espiritual. Si no encuentras armonía con una religión o un dios, sigue buscando alternativas hasta que la encuentres. Establece tus creencias espirituales y practica la comunión con tu espíritu o tu Dios, y así disfrutarás de salud espiritual.

5- Salud Económica

La afluencia material o económica nos provee seguridad y comodidad. La afluencia económica complementa al ser humano y le provee un grado de estatus e identidad en su grupo. Todos los seres humanos tenemos necesidades económicas que son básicas para asegurar nuestra supervivencia y la de nuestros seres queridos. Nuestras posesiones materiales son parte integral de la identidad del ser humano en la sociedad. Nuestra capacidad de supervivencia en la sociedad depende en gran parte de nuestro nivel económico especialmente cuando tratamos de cuidar nuestra salud física y emocional. En general, mantener nuestra salud económica nos provee con el mayor grado de supervivencia dentro de cualquier grupo social.

Debemos aclarar que la afluencia económica no tiene la capacidad de reemplazar tu salud espiritual o emocional, las cuales son necesarias para encontrar la felicidad verdadera. Tampoco te hace superior o inferior a otras personas. El valor real de un ser humano esta en sus principios espirituales y en su capacidad de contribuir positivamente al balance de sus 7 Dinámicas de Vida y al bienestar general de la humanidad. También debemos reconocer que la afluencia económica te brinda la oportunidad de contribuir en mayor grado a todas las Dinámicas. Como por ejemplo, la aportación económica a programas y productos de beneficio social.

6. La Gratitud

La gratitud juega un papel importante en nuestra percepción de estatus social. Nuestra percepción de estatus social se refiere a nuestra determinación de sentirnos afortunados o desafortunados. Sentir agradecimiento o gratitud denota que te sientes en una posición afortunada. El agradecimiento nos permite reconocer que nuestro estatus social o nuestras condiciones de vida son aceptables y afortunadas.

La gratitud puede ser clasificada en dos áreas: gratitud mayor o menor. La gratitud menor puede estar dirigida a una persona o a un grupo en específico. La gratitud menor es emocionalmente saludable y promueve buenas relaciones con tus semejantes. La persona que brinda su apoyo espera gratitud a cambio y éste intercambio es de beneficio para ambas personas. La gratitud mayor se dirige a una fuerza mayor con carácter espiritual o divino. Esta gratitud es comúnmente dirigida a tu alma, a Dios, al Universo, al Infinito, o al ser espiritual de tu preferencia.

Dar gracias por tu condición de vida a una fuerza mayor, te coloca en una posición emocionalmente positiva, porque te permite reconocer que existen alternativas peores que las actuales. Este proceso te obliga a reconocer los aspectos ventajosos de tu vida actual. La gratitud ayuda a liberarte de pensamientos negativos y promueve la salud mental.

Cuando te sientes realmente agradecido de algo, tu mente no deja espacio para pensamientos negativos. La gratitud se puede practicar en la oración, la meditación o el Mantra. Es recomendable comenzar el día practicando la gratitud. Esta costumbre te predispone a vivir un día de afluencia y prosperidad. La gratitud forma parte de mantener una mente clara y crear un sentido de abundancia y satisfacción en tu conciencia.

7. La Claridad Mental

La Claridad Mental es el séptimo principio de la felicidad y se describe como el estado mental *Claro* según fue ilustrado en la sección 1. El estado mental *Claro* es una forma simple para describir un estado emocional ideal, de tranquilidad, satisfacción y paz interior que te permitirá experimentar la felicidad y alcanzar las metas que desees en tu vida, dentro del marco de la realidad en que vives.

Todas tus metas deberán ser realistas hasta algún punto, ya que la claridad mental no te permitirá respirar bajo el agua sin un respirador artificial o sobrevivir en el vacío del espacio cósmico sin un traje espacial. La claridad mental te permitirá reconocer tu ego y tu ser objetivo, consecuentemente te proveerá el balance de tus 7 dinámicas y una mejor calidad de vida.

Elementos de la Claridad Mental o el Estado Claro

La Claridad Mental se compone de 7 virtudes o elementos básicos que poseemos y utilizamos en nuestra vida diaria o nuestro entorno. A diferencia de los principios de la felicidad, que son conceptos generales o decisiones finales que evaluamos periódicamente; los elementos de la claridad mental tienen que mantenerse latentes en nuestra mente todo el tiempo. Esto quiere decir, que estos elementos no deben abandonar nuestra conciencia en ningún momento y tenemos que estar conciente de estos en todo momento para mantener un estado Claro auténtico. Estas virtudes son las siguientes.

Elementos o Virtudes:

(1) Control del Pensamiento

(2) Paciencia

(3) Plasticidad

(4) Balance

(5) Libertad

(6) Paz y Armonía

(7) Satisfacción y Alegría.

Los elementos del estado Claro son las habilidades que poseemos y practicamos diariamente todos los seres claros. Estas habilidades se graban en nuestro subconsciente y nuestra mente analítica para luego reflejarlas automáticamente en nuestra vida diaria o nuestro entorno. La meditación se utiliza para gravar estos elementos en nuestra conciencia y hacerlos parte de nuestra mente y nuestra personalidad. Los mismos se definen detalladamente a continuación

1- Control del Pensamiento

Control de los pensamientos es la habilidad de dirigir tus pensamientos en la dirección que deseas, según tus necesidades y tus objetivos lo requieran, para alcanzar tus metas, tanto en el plano espiritual como en el material. Esto significa, estar conciente de lo que piensas en todo momento.

2- La paciencia

La Paciencia es la virtud de esperar con calma y tranquilidad el momento más apropiado para actuar. También, permitir que las situaciones de la vida tomen su curso natural para influenciarlas a tu favor en el momento más conveniente.

3- La Plasticidad

Plasticidad es la habilidad de amoldarse o adaptarse con facilidad y rapidez a cualquier cambio, situación o resultado, manteniendo la calma y la tranquilad al mismo tiempo.

4- El Balance

El Balance es el punto donde fuerzas opuestas se neutralizan para crear un estado de armonía y equilibrio al poseedor de estas fuerzas. Para lograr cualquier meta es necesario mantener un balance entre nuestras acciones y nuestras aspiraciones. Buscamos balance entre el trabajo y la diversión, el ejercicio y el descanso, la salud y los placeres, la tensión y la relajación. El balance también se aplica a las 7 dinámicas de vida.

5- La Libertad de Pensamiento

Libertad de pensamiento es tener la opción de escoger los pensamientos que deseamos para ser creativos y formular ideas propias. Utilizamos la libertad de pensamiento en la selección de nuestras metas y objetivos. También la utilizamos para mantener nuestra objetividad y ser capaces de reconocer las realidades de la vida.

6- La Paz y Armonía

La Paz y la armonía, es tener una conciencia libre de pensamientos conflictivos o preocupaciones mientras te desenvuelves en tu entorno o tu vida diaria. Es mantener tus pensamientos en relación armoniosa y proyectar esa paz a tus alrededores, tu mundo y tu universo.

7- La Satisfacción, Alegría y Felicidad

La satisfacción es una sensación de bienestar emocional acompañada con un sentido de placer. La alegría se puede diferenciar de la satisfaccion en el aspecto de ser muy intensa y temporera como lo es la risa o el éxtasis. La felicidad en general se compone de ambas.

La Fuerza o el Esfuerzo

Podrás notar que la fuerza no está entre los 7 principios de la claridad mental. No se ha incluido, porque la aplicación de la fuerza por si sóla, tiende a crear resultados negativos. Cuando la fuerza o el esfuerzo se utilizan unidos a cada uno de los principios de claridad mental, convertimos la fuerza en una herramienta positiva.

Para nuestros propósitos la fuerza se define como, (la acción necesario para poner en progreso una técnica, concepto o ejercicio). Este esfuerzo o fuerza proviene de tu mente, tu conciencia y tu espíritu. La fuerza forma parte de tu ego y es necesaria para ejercer el control de todos tus pensamientos y acciones.

Los 7 principios de la claridad mental requieren un grado de esfuerzo y dedicación para llevarlos a cabo. Cuando el deseo se une con el esfuerzo, le llamamos comúnmente; *fuerza de voluntad*. El Esfuerzo es parte integral de ejercer todos los conceptos de Meditología, al igual, que es necesario para alcanzar la claridad mental y cumplir con tus aspiraciones.

A continuación mostramos un ejemplo simplificado del uso de los elementos básicos de la felicidad.

Ejemplo:

Jorge Martínez es ingeniero graduado hace 10 años. Éste se encontraba trabajando en la construcción de un edificio junto a otros subcontratistas. El sueldo era bueno y las condiciones de trabajo razonables. Este vivía una vida cómoda aunque no siempre estaba satisfecho consigo mismo.

El contratante de Jorge le informó que estaba en quiebra y no podría continuar pagando sus servicios. Al cabo de unos meses, Jorge todavía, no encontraba trabajo en una economía decreciente. Las deudas seguían creciendo. Jorge se quejaba constantemente de su condición económica y del dinero que gastaba su esposa.

Para Jorge, todo el mundo tenía la culpa de sus problemas e inconvenientes, y él siempre afirmaba que estaba en lo correcto, aunque no fuera cierto. La posibilidad del divorcio se convirtió en una amenaza real. La ansiedad y la desesperación se apoderaban constantemente de sus pensamientos. Jorge se encontró con un viejo amigo, quien también estaba sin trabajo, y le contó todos sus pesares.

Jorge:

-Estimado amigo, ya no puedo concentrarme, me estoy volviendo loco y creo que tendré que vender la casa. ¿Qué puedo hacer para conseguir trabajo y salir de esta situación tan difícil? ¿Cómo puedes estar tan tranquilo, aun cuando tú tampoco tienes trabajo?

Su amigo:

-No sé cómo puedes conseguir trabajo. Yo también sigo buscando. Lo que sí puedo decirte es cómo librarte de tu ansiedad y tu desesperación.

Jorge:

-¿Y qué milagro harás para hacer eso posible?

Su amigo:

-Te daré el milagro de la claridad mental.

Jorge:

-¡No lo creo! pero como no tengo nada que perder te voy a escuchar.

Su amigo:

Pon en práctica tu fuerza de Voluntad: Toma una decisión firme de conservar tu salud mental y encontrar una forma positiva de manejar tus situaciones o problemas.

Practica la Aceptación: Deja de pelear con una realidad que no puedes cambiar y acéptala con lo bueno y con lo malo, como parte de ti mismo. Acepta tu pasado como una lección de la vida. Asume la responsabilidad por tu situación actual y no culpes a nadie más.

Practica el Perdón: Perdónate por todos tus errores y después perdona a quienes te hayan herido. Perdona las circunstancias que se han presentado en tu vida.

Practica el Amor Propio: En lugar de torturarte y menospreciarte; cuida de ti y atesora la vida que tienes. Siente amor por ti antes de pretender sentir amor por cosas externas y proyecta tu amor interno al exterior.

Practica la Buena Salud: No maltrates tu cuerpo y tu mente con excesos que nunca te van a resolver ningún problema. Ejercítate o camina al menos, media hora al día. Medita y reflexiona positivamente en tu comportamiento y tus costumbres.

Practica la Gratitud: Dale gracias a Dios por todas las cosas buenas que tienes en la vida, como tu familia y tu salud. Recuerda que tu salud mental es más importante que cualquier problema en la vida, porque sin esta no tendrías la cordura o la voluntad para resolver ninguna situación.

Practica los 7 elementos de la Claridad Mental: Estos elementos te permitirán mantener bajo control los impulsos, sentimientos y emociones que experimentaras en tu vida diaria. También te ayudarán a cultivar la claridad mental que tanto añoras.

Si eres capaz de realizar estos 7 conceptos, entonces podrás influir positivamente en tu presente y en tu futuro

Jorge siguió estos consejos y logro desechar todos los pensamientos negativos que lo acosaban. Sus síntomas depresivos fueron desapareciendo paulatinamente y su mente se aclaró. Este cambio le permitió enfocarse en sus objetivos y continuar mejorando su condición de vida con una actitud positiva y optimista. Irónicamente, fue Jorge quien consiguió una fuente nueva de proyectos y le dió una posición principal de trabajo a su buen amigo. Yo espero que este ejemplo haya ilustrado con más claridad, como utilizar los principios de la felicidad.

En conclusión, cultivamos Claridad Mental a través de la práctica de los 7 principios de la felicidad y de los conceptos de Meditología antes mencionados. La claridad mental nos permite desarrollar y balancear nuestras 7 dinámicas de vida y con este balance mejoramos nuestra condición general de vida. Cultivar claridad mental o el estado Claro, te permitirá disfrutar de la salud física, mental, espiritual, emocional y económica que todos los seres humanos deseamos en nuestras vidas.

Los Seres Superiores y El Ser Claro

El Ser Claro que cumple con sus 7 dinámicas se une al grupo de los Seres Superiores, que realmente aportan algo positivo a la humanidad. Aunque el talento, la fama o el dinero no hacen a ninguna persona un Ser Superior, los seres claros suelen desarrollar un talento especial, como el que posee un gran músico, un deportista famoso, un actor, un artista, o un escritor y utilizan este talento para contribuir positivamente a la humanidad.

El Ser Claro o Superior mantiene sus dinámicas en balance y como consecuencia de este balance, aporta en gran parte a la supervivencia y el desarrollo de nuestra especie y nuestro planeta. El Ser Claro obtiene un gran placer en desarrollar y lograr su cometido de responsabilidad personal, social y global. De la misma manera, el Universo permite que ocurran las circunstancias ideales para que el ser Claro logre lo que desea. **¡Este es su premio!**

El Ser Claro o Superior, es el ser humano que debemos admirar y emular, no por su posición económica o social, sino por su estabilidad emocional y su aportación al bienestar de la sociedad y del planeta en general. Todos los seres humanos con una inteligencia promedio somos capaces de llegar a convertirnos en seres Claros o Superiores, si realmente, así lo deseamos.

Durante nuestro camino al estado claro es esencial reconocer que las dinámicas son cambiantes y evolutivas dentro de sí mismas. Por esta razón, debemos cultivarlas constantemente para mantenerlas en el balance ideal. El Ser Claro o Superior trabaja indefinidamente con sus dinámicas para mantenerlas en balance y poder continuar con su obra divina de bienestar personal, social y global.

El conocimiento de los conceptos de Meditología antes mencionados te ayudará a cultivar la claridad mental y también a elevar tu calidad de vida. Pero, la meditación te permitirá alcanzar niveles más altos de control sobre tu mente y tú conciencia. La meditación es la forma más apropiada y efectiva para lograr el estado Claro y convertirte en un ser Superior. La próxima sección está dedicada a mostrarte todos los pasos prácticos que debes utilizar para lograrlo.

Puntos clave

* El razonamiento de los elementos de la felicidad son la base para desarrollar el control emocional, lograr nuestras metas y alcanzar la felicidad verdadera.

* Los elementos de la felicidad son; la Voluntad, la Aceptación, el Perdón, el Amor, la Salud, la Gratitud y la Claridad Mental.

* La Voluntad es la firmeza y el esfuerzo que estás dispuesto a invertir para lograr o alcanzar un objetivo.

* La Aceptación significa, aceptar la condición actual de tu vida y esto requiere comprender que aceptarás tu vida tal y como es actualmente, sin reproches, quejas o excusas.

* El Perdón significa, aprender a vivir en paz y armonía con las experiencias presentes y pasadas que te han causado dolor emocional; es decir, sin revivir emociones negativas cuando las recuerdas.

* El Amor propio es sentir la emoción de Amor por tu propio ser y atesorar tu propia persona, al igual atesoras a los seres que amas.

* La Salud se trata de cuidarte a ti mismo. Cultivar tu salud, física, mental, emocional y espiritual es parte de este propósito.

* La Gratitud es sentir y mostrar agradecimiento a una fuerza mayor, o a tus semejantes, por tu estatus actual en la vida. La gratitud te ayuda a liberarte de pensamientos negativos y te predispone a vivir un día de afluencia y prosperidad.

* El estado mental Claro es una forma simple para describir un estado emocional de armonía, tranquilidad, satisfacción y paz interior que te permitirá experimentar la felicidad y alcanzar las metas que desées en tu vida, dentro del marco de la realidad en que vives.

*El Ser Claro o Superior, trabaja indefinidamente con sus dinámicas para mantener el balance entre estas y continuar con su obra divina de bienestar personal, social y global.

Sección 7
Desarrollo del Ser Claro

El propósito de esta sección es ilustrar cómo es el proceso y la logística para desarrollarte como un ser Claro. El desarrollo de un ser claro depende de aplicar a plenitud todos los conceptos ilustrados desde el comienzo de este libro y de utilizar la práctica de la meditación según ilustramos continuación.

Todos los conceptos de autocontrol, los ejercicios físicos, ejercicios mentales, la meditación, la espiritualidad y los ejercicios de claridad mental, forman parte del proceso para desarrollar la claridad mental. En esta sección verás detalladamente todos los pasos prácticos de éste proceso. El proceso tiene un orden cronológico que debes seguir para facilitar la comprensión del mismo.

Introducción a la Meditación

Los ejercicios de claridad mental se pueden llevar a cabo en estado de meditación. Durante la meditación profunda, nuestra conciencia analítica y nuestro subconciente se unen. Esta unión hace que nuestro subconsciente sea susceptible a ideas y conceptos que deseamos gravar en él.

Definimos Meditación como *(la práctica del razonamiento y la reflexión que utilizamos para evaluar o incorporar ideas en nuestra mente o nuestra conciencia).*

Cuando evaluamos cualquier idea o concepto con detenimiento, estamos meditando en algún grado. Al igual que los conceptos básicos de la vida y los conceptos de auto control; los ejercicios de claridad mental son más efectivos cuando se aplican durante la meditación. Estos conceptos se pueden internalizar más rápidamente en estado de meditación.

Durante la meditación, tú subconsciente es capaz de absorber los conceptos necesarios para reconstruir tu conciencia en una forma positiva. A éste proceso le llamamos "Meditación Controlada", porque se practica en un formato estructurado y gradiente. Ésto significa que utilizamos un proceso específico, desde el comienzo, hasta el final de la meditación. Al contrario de la Meditación libre o tradicional, donde le permitimos a nuestra mente que pensamientos al azar, entren y salgan de esta, como en el sueño.

La meditación libre se utiliza durante de la meditación controlada en un marco de tiempo limitado y con un propósito especifico, el cual se discutirá mas adelante.

Utilizando la meditación controlada podemos mejorar como seres humanos y elevar nuestro nivel de conciencia a un plano espiritual de buena voluntad, salud, alegría y control emocional. Es precisamente éste tipo de meditación, lo que diferencia a la disciplina de Meditología, de cualquier otra disciplina o filosofía como el Yoga, la Dianética, el Taichi y otras.

El conocimiento de la Meditología hace a la persona que la practica un ser más poderosa a nivel, físico, mental, espiritual, emocional y económico. El individuo que practica la meditación no solamente es más poderoso que los demás, sino que vive una realidad más placentera y feliz. La práctica de Meditología mejorará todos los aspectos de tu vida como, tu inteligencia, tu memoria, tu fuerza de voluntad, tu apariencia y todas tus capacidades en general.

Alcanzar el estado Claro, es el propósito principal por el cuál se practican los ejercicios de meditación controlada. A continuación encontrarás una explicación detallada de cómo utilizar la meditación para desarrollar claridad mental.

Procedimientos de Meditación y Autocontrol Mental

Los conceptos básicos de vida, los conceptos de autocontrol, los principios de la felicidad, los elementos de la claridad mental y la meditación controlada, están considerados como ejercicios de auto control mental. Según vas leyendo este libro y razonas cualquiera de las anteriores, has practicado un ejercicio de autocontrol mental sin darte cuenta. Los ejercicios de autocontrol aparentan ser extensos; pero realmente no lo son. Solo debemos practicar estos con paciencia y en su secuencia especifica, según se ilustran a continuación. Según estudias cada paso, puedes ir practicando el mismo hasta familiarizarte con el procedimiento.

Cuando termines el proceso de meditación te sentirás muy relajado y en contacto con tu alma o tu ser. El estado de relajación y el sentido de contacto espiritual que puedes experimentar durante la meditación controlada, puede ser perturbador para algunas personas. Es posible sentir miedo o ansiedad, al atravesar por una experiencia nueva y extraña, a la cual no estamos acostumbrados. Según se repiten los ejercicios, esta experiencia se hace muy familiar y placentera.

Es recomendable que los ejercicios de claridad mental se practiquen una vez al día por 15 minutos o más. En este tiempo, sólo podrías practicar el ejercicio del Recuento o los Elementos de la Felicidad. El tiempo total de la sesión debe durar alrededor de una hora. Es recomendable tomar un día en la semana sin practicar la meditación, para experimentar la diferencia en tu sentir. Notarás que todos tus sentidos son más poderosos y agudos en los días que prácticas la Meditación.

Descripción de los pasos de Meditación

La secuencia de pasos de meditación se ilustra en detalle a continuación. Cada paso incluye una descripción específica del mismo. También se incluyen fotos de algunos procedimientos. Los pasos de Meditación son los siguientes:

1- Ejercitación

2- Recuento diario

3- Forma

4- Meditación básica y controlada

5- Reflexión

6- Visualización y Proyección

7- Oración y cierre

Paso 1 de Claridad: La Ejercitación

La ejercitación intensa por un corto período de tiempo, es la forma más simple de atraer la atención de tu conciencia hacia tu entorno. La misma facilita que tu mente ponga atención en el presente, para enfocarse en el ejercicio que estas haciendo en ese momento. La ejercitación aeróbica, como correr o nadar se puede utilizar justo antes de comenzar la meditación. La ejercitación anaeróbica como el Yoga, el Taichi, la Calistenia, y el estiramiento se puede utilizar intercaladamente durante la meditación, o justo antes de la misma. Más adelante ilustraremos los ejercicios que vamos a utilizar en este proceso.

Es recomendable que se utilice algún tipo de ejercitación física antes de meditar para promover la circulación sanguínea y la oxigenación cerebral, pero esto no es totalmente necesario. Las personas que no pueden ejercitarse por alguna razón de salud, deben utilizar el Recuento para condicionar su mente al estado de meditación que deben alcanzar.

Paso 2 de Claridad: El Recuento

El recuento diario y la ejercitación son la manera más simple de condicionar la mente para comenzar la meditación y los ejercicios de claridad mental. También la música de "nueva era" (New Age) y la instrumental suave o naturalista, son herramientas muy útiles para relajarnos y practicar la meditación con mas facilidad.

El Recuento significa, (*recorrer tu vida en tu imaginación desde el principio del día anterior hasta llegar a tu entorno*). Debes imaginar todas las actividades y sucesos en una forma concentrada. No permitas que tu mente se estanque en una mala experiencia y continúa imaginando el próximo suceso, hasta llegar al presente. Este ejercicio mental te entrena a controlar tus pensamientos y atrae la atención de tu conciencia al momento presente que vives en tu entorno. El Recuento es una forma simple de meditación controlada.

Paso 3 de Claridad: La Forma

La forma se comienza después de la ejercitación y durante el recuento. Ésta se aplica al tomar una posición corporal o postura definida. La misma puede ser de tipo Calisténico, Yoga o Tachi. Podrás ver las fotos de las posiciones y las posturas mas adelante en esta sección. La forma se utiliza para enfocar la mente en el proceso de relajación y comenzar con la meditación básica.

La forma se compone de los siguientes pasos:

1- La posición corporal o postura

2- La respiración controlada

3- La relajación mental y física

4- La transición de posturas

1- La Postura

La postura es la posición corporal que se asume, para aplicar la forma y comenzar la meditación básica. Estas posiciones corporales se utilizan para relajar el cuerpo y la mente. Las posturas no siempre son cómodas y tampoco han sido creadas para que lo sean. El propósito primordial de las posturas es mantenerte alerta y permitirte la relajación bajo un grado leve de tensión corporal. El fin es relajarte, evitando la posibilidad de que te duermas. Las posturas están ilustradas en la sección de posiciones o posturas.

Las posturas son posiciones corporales de tensión y relajación, utilizadas para enfocar nuestra mente en el estado de meditación y en este proceso ayudarnos a fortificar y darle flexibilidad a nuestro cuerpo. Las posturas tienen la capacidad de tonificar tus músculos, incrementar tu fuerza y tu resistencia física. Los beneficios corporales de las posturas son legendarios según ha mostrado la popularidad del Yoga y el Taichi en años recientes. Existe un número indeterminado de posturas que podemos utilizar. Ilustraremos sólo, las más importantes para nosotros.

Para comenzar la meditación deberás asumir una de las posturas. Las posturas se pueden mantener por un periodo de tiempo indefinido, pero no más allá de un periodo que provoque alguna incomodidad irrazonable. Las posturas no deben causar dolor o falta de sensación. Para solucionar cualquier incomodidad, simplemente utilizamos la transición de una postura a otra.

Asume las posturas más cómodas para ti. Progresivamente practica las menos cómodas con calma y paciencia para evitar lesiones. Al cabo del tiempo desarrollarás tu propia rutina con tu propio estilo de posturas y transiciones. A continuación veras las posturas más básicas de la meditación.

Posturas Básicas de Meditación:

Parado:

P1. Comenzamos al pararnos totalmente derechos con las manos en los muslos, respirando lento y profundo.

T1. Subimos los brazos estirados hacia los lados hasta juntar las manos por enzima de la cabeza, mientras inhalamos.

P2. Con los brazos arriba, terminamos de inhalar profundamente.

P1. Bajamos nuestros brazos estirados hacia el frente del cuerpo hasta tocar nuestros muslos, mientras exhalamos y adoptamos la postura P1 nuevamente.

Sentado:

P28- Aplicamos la transición y nos sentamos con las piernas cruzadas, el cuerpo derecho y los antebrazos sobre las rodillas.

P29- Podemos asumir la postura anterior con las palmas de las manos posicionadas hacia arriba.

P30- Manteniendo la postura anterior unimos las palmas de las manos a nivel de nuestro pecho y continuamos respirando lento y profundo.

Acostado:

P11- Estiramos los brazos a nivel de los glúteos, mantenemos las rodillas dobladas y continuamos respirando lento y profundo.

P12- Juntamos las manos y estiramos los brazos hacia el plano horizontal con las rodillas dobladas.

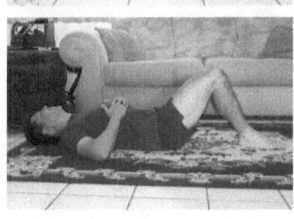

P27- Variamos la postura P11 colocando las manos en nuestro abdomen superior y uniendo las piernas. Mantenemos la respiración lenta y profunda

En nuestro portal cibernético (**meditología.org**) encontrarás fotos de sobre 30 ejemplos prácticos de posturas y transiciones, acompañadas de su explicación específica. Solo activa la conexión (**Productos**) y encontrarás la sección titulada (**Ejercicios prácticos de meditación**). Ahí encontrarás toda la información necesaria para complementar tus rutinas de meditación.

2- La Respiración Controlada

La respiración controlada significa, (*establecer un ritmo conciente y constante al respirar*). Esta respiración debe ser profunda y continua al inhalar y al exhalar. Tu conciencia debe estar concentrada en la respiración hasta establecer un ritmo continuo. Establecer ritmo significa; lograr la continuación de la respiración controlada sin utilizar toda tu concentración en éste ejercicio. De esta forma puedes liberar tu mente para pensar en otras cosas, sin perder la secuencia de tu respiración. Si pierdes el ritmo, simplemente concéntrate brevemente en reestablecerlo y continúa con los demás pasos de la meditación.

3- La Relajación

Relajación es (*la acción de abandonar el conflicto mental y la tensión física para alcanzar un estado de tranquilidad, emocional y corporal por un período de tiempo determinado*). En la relajación debemos abandonar temporeramente nuestras defensas naturales y conflictos emocionales. La relajación debe ser tanto física como mental. A través de la relajación física se asiste a la relajación mental y a su vez, la relajación mental asiste a la relajación física. En la meditación controlada utilizamos ambas.

No es necesario que exista una para alcanzar la otra. Es posible mantener relajación mental en tensión física o mantener relajación física en momentos de tensión mental. La meditación controlada es una combinación de ambas que experimentaras durante este proceso.

4- La Transición de Posturas

La Transición de posturas o posiciones, se ejecuta cuando asumimos una posición o cambiamos de una postura a otra. La transición es importante porque nos permite el movimiento corporal durante la meditación. La forma mas apropiada de ejecutar una transición es combinar la respiración controlada y el movimiento de una postura a otra en forma unísona. Ésto significa, mantener un ritmo entre el movimiento y tu respiración. La transición es tan simple como practicar sentidillas; exhalas cuando bajas e inhalas cuando subes.

La transición se puede aplicar cuando sientes cualquier tipo de calambre, dolor o falta de sensación. También se aplica para mantener la secuencia de tus pensamientos.

Según cambias de un concepto al otro puedes cambiar tu postura. Cuando practicas un ejercicio como el (*push up*) la transición es constante hasta que te detienes totalmente. Al detenerte y comenzar a relajarte; estás asumiendo una nueva postura. Es recomendable tomar clases de Goya o Taichi para dominar la práctica de la forma y las posturas.

Paso 4 de Claridad: La Meditación Básica

La meditación básica se obtiene a través de la aplicación de los 4 pasos de la Forma. Estos son, la postura, la respiración, la relajación y la transición. La Forma te brinda la relajación física y mental necesaria para considerarte en estado de meditación. En otras palabras, cuando haces la forma puedes desarrollar el tipo de relajación que llamamos, "Meditación Básica". La meditación en esencia, es simplemente una forma de relajación profunda con la conciencia despierta y manteniendo un control relativo de tus pensamientos. A diferencia del sueño; donde la conciencia vaga fuera de control, sin percepción de la realidad misma.

Dominar el proceso de la meditación básica es necesario para comenzar la meditación controlada. Esto significa, que debemos estar mentalmente relajados antes de iniciar la meditación controlada. El Recuento es uno de los ejercicios mentales más apropiados para aclimatar la mente a la meditación y es recomendable practicarlo al comienzo de toda sesión de meditación.

Práctica de Recuento y Posturas

El Recuento se puede utilizar durante la práctica de las posturas, el estiramiento o la relajación. Una vez nos relajamos podemos comenzar con el Recuento. Nos encontramos en una postura estática, relativamente cómoda y relajada. Cerramos los ojos, sonreímos y comenzamos a ver en nuestra mente los sucesos desde el comienzo del día anterior; el despertar, el baño, el desayuno, los niños, el viaje al trabajo, las labores del día, el almuerzo, la tarde, el regreso a casa, la cena, el sueño y nuevamente el despertar, hasta llegar a tu entorno actual.

No te detengas a pensar demasiado en ningún evento o suceso específico del día, hasta que llegues al presente; a éste mismo instante de tu entorno. Finalizamos este ejercicio al llegar a tu entorno, que será el momento actual en que te encuentras practicando la postura.

Cuando sentimos alguna incomodidad física durante éste ejercicio debemos aplicar la transición a otra postura que sea más cómoda y nos permita concentrarnos en la continuación del ejercicio. Podemos cambiar de postura cuantas veces sea necesario durante todo el proceso del recuento.

Debes mantener los ojos cerrados y sonreír durante todo el ejercicio para estimular la concentración y la visualización positiva de tu imaginación. Debemos abrir los ojos en las transiciones, solamente para situarnos correctamente y no perder el balance. Ahora estarás listo y mentalmente aclimatado para comenzar la meditación controlada.

Paso 5 de Claridad: La Meditación Controlada y la Reflexión

En a meditación controlada utilizaremos la reflexión para desarrollar nuestra claridad mental. La reflexión es el proceso más común entre todos los conceptos o técnicas ilustradas en El Regalo. Nuestro sentido de lógica y razón nos permite evaluar situaciones que nos afectaron en el pasado y podrían afectarnos de alguna manera en el futuro. La reflexión nos permite evaluar conceptos y gravar ideas en nuestra mente que deseamos adoptar para mejorar nuestra calidad de vida. A este proceso le llamamos comúnmente, reflexionar o meditar. La meditación y la reflexión son sinónimos con la distinción de que la meditación puede abarcar un significado más amplio.

El primer paso de la meditación controlada es reflexionar en los principios de la felicidad, como la voluntad, la aceptación, el perdón, etcétera. Ya debes estar familiarizado con los mismos. También podemos reflexionar en los conceptos de la existencia o en las técnicas de autocontrol y observar cómo se relacionan con nuestra vida. Es muy importante aclarar que debemos entender los conceptos y principios de Meditología para pretender que la reflexión en estos conceptos funcione apropiadamente.

Lo más importante de este paso, es que mientras continúas en estado de meditación, debes reflexionar en las situaciones de más importancia en tu vida. La reflexión en estado de meditación le permite a tu subconsciente absorber ideas nuevas con gran facilidad. En contraste; implementar éste proceso con éxito sin la meditación es extremadamente difícil, aunque sea posible. La oración religiosa, la repetición del mantra, la hipnosis y la fuerza de voluntad extrema, son otras formas de perseguir el mismo resultado aunque no sean tan efectivas.

Sin duda alguna, la reflexión en estado de meditación es la manera más rápida y efectiva para disolver los conflictos que invaden nuestra mente. La oración, el Mantra y la auto programación en general, pueden ser utilizadas durante la meditación. Estas pueden añadir claridad a nuestro pensamiento y convertirse en una herramienta efectiva para grabar ideas nuevas en nuestro subconsciente.

Principios de La Felicidad y La Meditación Controlada

La meditación controlada es el proceso de concientizar, razonalizar y reflexionar detenidamente en los principios de la felicidad y los elementos de la claridad mental; mientras mantenemos un estado de relajación profunda al cual llamamos, Meditación. Cuando le integramos los 7 principios de la felicidad y los 7 elementos de la claridad mental en la meditación básica, la convertimos en meditación controlada. Esto es posible, porque incorporamos una estructura específica de pensamientos y la unimos a la meditación básica en una forma controlada y gradiente, comenzando con la relajación y continuando con la reflexión en los principios de felicidad, sucesivamente.

Cuando comenzamos una sesión practicado el recuento y la meditación básica; el próximo paso de meditación controlada se hace más fácil. La Relajación se obtiene durante la meditación básica concentrándote en el significado de relajación y ejerciendo la forma. Este proceso puede durar desde segundos hasta minutos, dependiendo de tu capacidad de concentración y relajación.

Una vez logras un estado de relajación razonable, puedes comenzar la meditación controlada utilizando el Recuento o los 7 principios de la felicidad. Uno de los propósitos de la meditación controlada es, reestablecer la armonía entre tu mente analítica y tú subconsciente. Ésto se logra a través del razonamiento y la reflexión en los 7 Principios de la felicidad. El proceso de la meditación controlada es especialmente beneficioso para personas con déficit de atención (DDA), porque, entrena tu mente a seguir una línea continua de pensamientos. Precisamente, de esta habilidad es que carecen las personas con (DDA).

Reflexionar en los principios de la felicidad es el secreto de disfrutar una vida óptima. Imagina; ¿cómo vas a lograr una mente clara si estas lleno de odio? ¿Cómo serás capas de perdonar, si no has aceptado los pesares de tu vida? ¿Cómo vas a sentir gratitud sincera, si no has sido capaz de aceptar las situaciones difíciles que te has encontrado en tu vida? Reflexionar en estos principios te permitirá comenzar una vida nueva, libre de reproches o rencores del pasado.

Aunque la meditación profunda es más recomendable que la meditación leve o básica para implantar ideas positivas en tu subconsciente. También podemos utilizar la meditación leve para cumplir con el mismo propósito. En ocasiones no tenemos el tiempo para alcanzar un nivel profundo de meditación y la meditación básica se convierte en una alternativa viable. Todos los ejercicios a continuación se pueden practicar a un nivel de meditación leve o básica.

Para obtener el nivel apropiado de meditación básica y

relajación, deberás colocarte en un lugar donde puedas concentrarte y utilizar la respiración profunda para relajar tu cuerpo y tu mente. Puedes permanecer, sentado, acostado, parado o en la postura que más te agrade al momento. Cierra los ojos, respira profundamente y exhala lentamente hasta sentir un nivel de relajación aceptable. Puedes comenzar con la reflexión en las técnicas de autocontrol o los principios de la felicidad. También puedes practicar el recuento antes de comenzar cualquier tipo de reflexión para condicionar tu mente al nivel apropiado de meditación. Puedes establecer prioridades y reflexionar en las áreas de más importancia para ti.

Meditación en los Principios de la Felicidad

Comenzaremos la meditación controlada reflexionando en los 7 Principios de la Felicidad. Estos ejercicios nos permitirán grabar estas virtudes en nuestra conciencia para después proyectarlas y utilizarlos en nuestro diario vivir.

1- La Voluntad

Te concentras en tu voluntad y en la firmeza que le impones a tus decisiones. En el esfuerzo que estas dispuesto a invertir para lograr o alcanzar cualquier meta. En cultivar la fuerza de voluntad necesaria para mejorar como ser humano y lograr tu bienestar.

2- Aceptación

Reflexionas en la Aceptación y en asumir la responsabilidad por tu propia vida y tus decisiones. Una vez seas capaz de aceptar tus errores, se te hará fácil aceptar tu condición actual de vida.

3- El Perdón

Te concentras en perdonar todas las situaciones y experiencias que te han creado dolor emocional. Te perdonas a ti y después perdonas a tu prójimo. Esto podría ser una tarea ardua para las personas que no reconocen sus errores y siempre culpan a los demás por sus propios errores y decepciones.

4- Amor Propio

Te concentras en el significado de amor y diriges estos sentimientos hacia tu propio ser. Siente amor hacia tu persona y proyecta ese amor hacia la vida y todo lo que te rodea. Este ejercicio te coloca en el centro de tu universo y te permite reconocer las habilidades y la voluntad que posees para mejorar como ser humano.

5- Salud

Reflexionas sobre tu salud. Cómo puedes conservarla o mejorarla para que te permita ejercer tus deseos y tu voluntad. Este ejercicio te permite visualizar las costumbres que puedes adoptar para mejorar tu salud física, mental, espiritual, emocional y económica.

6- La Gratitud

Reflexionas en la gratitud, das gracias por tu condición actual de vida y por estar en una posición afortunada que te permite reconocer las bendiciones espirituales y económicas que posees. Este proceso te obliga a reconocer las cosas positivas de tu vida. La gratitud ayuda a liberarte de pensamientos negativos y te predispone a experimentar un día de afluencia y prosperidad.

7- La claridad Mental

Reflexionas en la Claridad Mental, en la tranquilidad, la satisfacción y la paz interior que puedes experimentar al cultivar una mente clara. Este estado se compone de los 7 elementos de la claridad mental que se discutirán en detalle a continuación. Los 7 elementos son; el Control del Pensamiento, la Paciencia, la Plasticidad, el

Balance, la Libertad, la Paz, y la Satisfacción.

Meditación en los 7 Elementos de la Claridad Mental

Terminamos nuestra reflexión en los Principios de la Felicidad. Ahora podemos continuar con la reflexión en los Elementos de la Claridad Mental. No te preocupes por mantener la continuidad de todos los pasos de claridad o de estar en estado de meditación en estos momentos. Puedes estudiar y practicar cada paso individualmente hasta dominarlos.

Más adelante encontrarás, el *Mapa de Claridad Mental*. Éste te permitirá ver todo el proceso de meditación en una sola página, y podrás utilizar el mismo para guiarte a través de todos los pasos fácilmente.

Este proceso te proveerá las herramientas necesarias para lidiar con los obstáculos y situaciones difíciles que encontrarás en tu diario vivir. También te permitirá proyectarte con estas habilidades en tu entorno y tu futuro. Para facilitar la comprensión de esta sección puedes regresar a la sección 6 y repasar las definiciones de estos elementos.

Los 7 elementos son los siguientes:

1- Control de Pensamientos

Pon tu atención en el significado del control de tus pensamientos y procede a razonar y reflexionar en el mismo. Puedes imaginar que mantienes el control de la meditación misma o que controlas tus emociones, tus impulsos, tú estado de ánimo o tus pensamientos, según la situación lo amerite.

2- Paciencia

Dentro del estado de meditación, enfoca tu mente en la definición de Paciencia. Visualízate como poseedor de ésta virtud e imagina cómo la paciencia te sirve para influenciar tu entorno de una forma positiva. Siente cómo conservas la calma ante situaciones tensas y reaccionas con precisión y certeza ante cualquier amenaza. Siente el control de esperar y posponer tus acciones cuando sea necesario para servir tus propósitos.

Este proceso puede durar de 1 a 5 minutos. En el aprendizaje de la meditación controlada, debes escoger escenarios simples que puedas razonalizar fácilmente para aclimatarte a este proceso. Posteriormente tendrás la oportunidad de añadir escenarios más complejos al proceso.

3- Plasticidad

Primero enfoca tu concentración en la definición de la Plasticidad y luego continúa con la reflexión de la misma. La reflexión de este elemento de la claridad se logra utilizando tu imaginación y aplicando el concepto de plasticidad a escenarios pasados o futuros de tu vida. Deberás aplicar el principio de la plasticidad en tu imaginación al escenario que mas lo amerite, según fue ilustrado en el ejemplo anterior de la paciencia. Imagina como te adaptas fácilmente a cambios inesperados en tu diario vivir.

4- Balance:

Al igual que los pasos anteriores el Balance se inicia enfocando tu concentración en nuestra definición del Balance. Una vez la definición esté clara en tu mente, se procede a la aplicación de la misma en los escenarios de tu vida que puedas imaginar. Podrías imaginar que obtienes balance entre el trabajo y el descanso o que mantienes tus emociones en balance y te liberas de tus episodios de bipolaridad. Éste es un proceso de reflexión que tu subconsciente absorbe fácilmente y sin resistencia, gracias al estado de meditación controlada en que te encontrarás. Piensa cómo tus acciones pueden estar en acuerdo con tus aspiraciones y busca el balance entre estas.

5- Libertad de Pensamiento

Al igual que las anteriores, te concentrarás en la definición de libertad y después continúas con la aplicación imaginaria de este concepto. Podrías imaginarte tomando esas decisiones que sabes que te convienen, pero que has postergado sin razón aparente. También puedes imaginar que liberas tu creatividad y desarrollas ideas nuevas o que tu libertad mental te permite ser objetivo y tomar decisiones propias.

6- Paz y Armonía Mental

Nuevamente te concentras en la definición de la Paz y Armonía mental, y procedes con la aplicación de ésta en tu imaginación. Sería posible imaginar que no tienes ideas conflictivas que debatir en tu mente o que no tienes nada porqué preocuparte. Todos tus pensamientos están en armonía los unos con los otros y proyectas esta armonía a todo lo que te rodea.

7- Satisfacción, Alegría

En este paso te concentrarás en la definición de la Satisfacción y la alegría. Haz físicamente el gesto de sonreír y revive tus momentos de alegría, satisfacción y felicidad.

Siente como la felicidad se apodera tu entorno y la llevas contigo por siempre. Sonríe y siente cómo tu sonrisa entra en afinidad con tus sentimientos de alegría y satisfacción. Dale gracias a tu Ser, tu Alma o tu Dios por permitirte poseer todas las virtudes de la Claridad Mental. Aquí finaliza la meditación controlada.

Esta etapa de la meditación es relativamente profunda y te sentirás muy relajado y desconectado con la realidad. En este momento puedes pasar al cierre de la meditación o continuar con el paso de visualizar y proyectar tu futuro según describimos en el próximo segmento.

Conclusión de los Principios de la Felicidad

La práctica periódica de éste grupo de ejercicios mentales permitirá que tu subconsciente absorba los principios de la felicidad y los elementos de la claridad mental. En otras palabras; como resultado de la meditación, éstas cualidades se reflejarán en tus decisiones, tu comportamiento y tu vida diaria. Es igual que cuando un problema o preocupación se refleja en tu personalidad o tu comportamiento, pero, en éste caso reflejaras, paz, tranquilidad y alegría. Los elementos de la claridad mental saldrán a flote desde tu subconsciente para ayudarte a mantener el control mental y la tranquilidad en todas las situaciones cotidianas de tu vida.

Paso 6 de Claridad: Visualización y Proyección

La visualización y la proyección son conceptos fundamentales para la formación de tu futuro. El desarrollo y la culminación de tus deseos es específicamente lo que vas a proyectar y visualizar en este paso de la meditación. Éste es el momento de imaginar cómo será el futuro que deseas y cómo desarrollarlo. Es necesario gravar claramente estas imágenes en tu mente para accesarlas en cualquier momento y mantener tus objetivos firmes y claros.

Un aspecto interesante de la visualización y la proyección es que ambas son parte integral del concepto de la Predisposición Positiva que ilustramos en las técnicas de autocontrol. Mantener una visión clara de lo que deseas, es la forma más fácil y poderosa para obtener lo que deseas. En esencia, la visualización positiva de tu futuro es lo que llamamos *"Predisposición Positiva"*. Debemos identificar claramente, el futuro que deseamos, para ser capaz de reconocer cuando lleguemos a él. Saber lo que quieres es como un mapa mental. Puedes verlo, reconocerlo y trazar una ruta para obtenerlo.

En este paso verás el futuro como tú lo deseas. Observarás tus triunfos y cómo llegaste a éstos. Fijarás claramente en tu subconsciente las imágenes de tu vida futura. Verás tu casa, tu pareja, tu carrera, tu aportación a la sociedad, tu salud, tu condición física o emocional y todo lo que te propongas. En realidad, verás el futuro hacia donde te diriges. De ésta forma, crearás el mapa futuro de tu vida y te dejarás guiar por él, para alcanzar tus objetivos.

Es muy importante visualizar tu alegría y felicidad en el proceso de realizar tus objetivos. Recuerda que la felicidad es el primer objetivo que vamos a realizar. Después de la felicidad, el resto de la vida es sólo un juego de monopolio que vamos a disfrutar. Este proceso debe ser totalmente realista, aunque tus objetivos no lo parezcan. Recuerda que "los ciegos aprenden a leer con los dedos y los mudos aprenden a hablar con las manos".

La visualización y la proyección también se utilizan durante la meditación libre para proyectar fantasías, viajar por nuestros paisajes favoritos, revivir momentos placenteros del pasado o proyectar escenarios relajantes. Las fantasías no son bienvenidas en esta parte del proceso de claridad. Utilizaremos la meditación libre y su aspecto fantasioso en el cierre de la meditación.

Paso 7 de Claridad: Meditación libre y Cierre

Al llegar a este paso, ya has tenido la oportunidad de

resolver tus conflictos y programar tu futuro. Ahora es el momento para comenzar la Meditación libre en todo su sentido. Ahora puedes relajar tu mente al igual que tu cuerpo y dejar que tus pensamientos vaguen sin restricciones. En este paso tú decides que deseas proyectar o visualizar.

Este es el momento más apropiado para proyectar tus fantasías favoritas, volar, nadar con delfines o descubrir el universo. También podrás revivir momentos felices del pasado o simplemente relajarte e imaginar que flotas. En este paso, podemos crear la fantasía que deseemos, con la condición, de que sea relajante para nuestra mente. Este proceso puede durar de 1 a 10 minutos.

Al finalizar la meditación libre llega el momento de entrar en comunión con tu alma y tu dios. Si eres una persona espiritual, ahora es el momento de mostrarlo. Habla con tu alma, con tu Dios y reza tus plegarias. Pide tus deseos y da gracias a tu Dios. Este es el final de la meditación.

El cierre de la meditación es muy importante porque establece un patrón firme para el resto de tu día. En el cierre es recomendable utilizar la oración, las plegarias y la gratitud. Da gracias a Dios, al Universo, a tu Alma y a tu Ser, por la oportunidad de vivir. Este acto reafirma un ambiente de paz, alegría y felicidad en tu conciencia, que permanecerá contigo durante el resto de tu día.

El estado de Claro y el final de la Meditación

Al cierre de la meditación puedes percibir claramente las sensaciones clásicas del estado de Claro. Experimentas un sentido profundo de tranquilidad y armonía. Es evidente que tu conciencia ya no carga con la cantidad de conflictos que tenias anteriormente. Los problemas se simplifican y ahora sólo existen situaciones con solución. Percibes un sentido extremo de control mental, atención y claridad con tu entorno y tu ambiente. Según tu mente va saliendo del estado profundo de meditación, tus reflejos visuales se agudizan. Ahora tu mente puede comenzar el proceso normal de deducción lógica y planificación de tu día.

Tu sentido de balance físico se siente levemente desajustado. Esta sensación es pasajera y se puede eliminar asumiendo alguna postura sentada, antes de pararse y finalizar la sesión de meditación. No sientes el estrés o el estado de emergencia que percibías anteriormente. Tu coeficiente de inteligencia se incrementa en más de un 20 %. Eres más convincente y comprensivo que antes. Tienes más paciencia y controlas mejor tu temperamento. Te sientes alegre y te proyectas con armonía. Tu habilidad de manipulación se incrementa. No existe la menor duda de que cultivar el estado Claro te transforma en un ser humano más poderoso, bueno y productivo.

Felicitaciones; has terminado tu sesión de Meditación

y estas listo para comenzar tu día con claridad mental.

Mapa de la Meditación

Es obvio que puede ser complicado leer este libro y mantener un estado de meditación al mismo tiempo. Por esta razón, debemos utilizar el mapa del proceso de meditación para guiarnos en términos específicos y seguir el orden correcto de los pasos. De esta forma, vamos creando una idea clara de todos los pasos y conceptos ilustrados.

Puedes colocar el mapa en el piso, frente a tu cuerpo y mirar relajadamente la secuencia correcta de los pasos. Con la práctica, la meditación se te hará un proceso natural, que estará gravado en tu mente y no será necesario el mapa, ni la lectura.

Mapa:

1- Ejercitación

A- Aeróbico

B- Yoga

C- Taichí

D- Calistenia

2- Meditación básica

Forma:

1- La posición corporal o posturas

2- La respiración controlada

3- La relajación mental y física

4- La transición de posturas

3- Recuento diario

A-Recolección diaria de eventos hasta el presente

4- Meditación Controlada

A- Razón & Reflexión

1- Conceptos Básicos de la Vida

2- Conceptos y Técnicas de Autocontrol

3- Elementos de la Felicidad

4- Elementos de la Claridad Mental

5- Visualización y Proyección

A- Deseos o Sueños

B- Metas y Objetivos

6- Meditación Libre

A- Fantasías

B- Recuerdos placenteros

7- Oración y Cierre

A- Espiritualidad

B- Oración o Mantra

C- Gratitud

Resultado = **Claridad Mental**

Conclusión sobre la Meditación y el Estado Claro

Tu nivel de claridad se puede reducir según transcurre el tiempo. Tu grado de claridad mental variará según absorbas influencias negativas de tu ambiente. También, mientras más tiempo pasa entre meditaciones, los conflictos a resolver aumentan y esta acumulación conflictiva, reduce tu nivel de claridad mental.

Este fenómeno es más evidente en la vida moderna donde estamos bombardeados diariamente de influencias negativas como son los comerciales, el tráfico, las restricciones de tiempo, la carencia económica y la agresividad entre otras. Estas influencias negativas son precisamente las que deseamos eliminar utilizando la meditación diariamente. Al utilizar la meditación periódicamente, disolvemos conflictos recientes y conflictos del pasado, que están escondidos profundamente en nuestro subconsciente.

La meditación es acumulativa y al cabo del tiempo todos los conflictos de tu pasado quedarán resueltos. Finalmente solo tendrás que resolver conflictos que surjan en tu diario vivir y ésto te permitirá alcanzar el estado Claro ideal con más facilidad. Lo opuesto de este fenómeno también es cierto. Esto significa, que en la vida moderna, no es posible mantener un estado de Claro indefinidamente, sin dedicarnos a resolver nuestros conflictos emocionales periódicamente, utilizando algún proceso de razonamiento y reflexión.

La persona que vive en un ambiente libre de influencias negativas o sucesos traumáticos, se le hará mucho más fácil alcanzar y mantener el estado Claro. Esto sucede porque la persona tiene menos conflictos que disolver diariamente. Por el contrario, el individuo arriesgado y emprendedor, se encontrará con las complicaciones naturales que presenta alcanzar cualquier objetivo y estará expuesto a una gran cantidad de experiencias negativas que pueden causar tensión y dolor emocional.

La disciplina de Meditología está diseñada específicamente para eliminar la tensión y el dolor emocional al que nos exponemos cuando perseguimos nuestros objetivos y metas. Cuando poseemos claridad mental, podemos seguir nuestras metas con la seguridad de que podremos manejar cualquier complicación que nos surja y mantener una conciencia en paz y armonía. Recuerda que tu nivel de claridad mental varía, según te afectas emocionalmente por influencias exteriores de tu vida. Por tal razón, el proceso de claridad mental es una herramienta dinámica que deberás utilizar periódicamente.

Existen otros métodos utilizados para disolver conflictos emocionales y alcanzar una mente Clara. Algunos de éstos son: la diabética, la absolución religiosa, la hipnosis, la auto programación, el mantra, el sentido común, la pérdida de memoria y los productos fármacos. Algunas personas han encontrado estos métodos muy efectivos y no condeno el uso de ninguno de éstos. En casos específicos la combinación de los métodos anteriores podría ser necesaria y beneficiosa para personas que experimentan desórdenes psicológicos.

Mi método favorito para lograr una mente Clara es la Meditología. Esta disciplina es de carácter independiente, porque sólo necesitas aplicar tu propia capacidad de aprendizaje y tu esfuerzo para ejercerla. No es necesaria la asistencia de otras personas y puedes practicarla en la privacidad de tu hogar. Esta disciplina también se puede practicar en grupo. La congregación de grupos de Meditología es altamente recomendada, porque añade una dimensión comunal a esta práctica y promueve el bienestar social en general.

En nuestro portal cibernético (**meditología.org**) encontrarás ejemplos prácticos de meditación con fotos de las posturas y las transiciones, acompañadas de la explicación específica de cada una. Solo activa la conexión (**Productos**) y encontrarás la sección titulada (**Ejercicios prácticos de meditación**).

Has terminado con la explicación de los procedimientos de la meditación. Ahora estas preparado para comenzar con la práctica real de estos.

La Meditología y la Fundación Mundial de Meditología

El Regalo promueve el enriquecimiento de la mente el cuerpo, y el alma a través de la ejercitación, el aprendizaje, la meditación y la espiritualidad. Esta disciplina es denominada "Meditología". La palabra Meditología significa: El estudio y la práctica de la Razón, la Reflexión y la Meditación, con el propósito de aumentar las capacidades físicas y mentales del ser humano.

La Meditología pretende contribuir al bienestar de

la humanidad y a la conservación de nuestra especie. La publicación "El Regalo" es solo una de las formas en que la Meditología propone mejorar la calidad de vida de cualquier ser humano que la practique. Como consecuencia de la práctica de la Meditología, cada persona puede mejorar su calidad de vida y de esta forma contribuir con el mejoramiento general de nuestra humanidad y nuestro planeta. Con este propósito en mente hemos creado la *"Fundación mundial de Meditología"*.

La *Fundación Mundial de Meditología* fue creada el 7 de febrero del año 2009, con el propósito de asistir a todos los seres humanos a encontrar la felicidad verdadera y a promover la conservación de nuestro planeta y nuestra especie. Cualquier persona que desee contribuir o formar parte de los proyectos benéficos de la fundación puede hacerlo contactándonos a través de nuestra página cibernética.

Para más información sobre la Fundación Mundial de Meditología, el estudio práctico de Meditología y la Conservación del planeta; favor de accesar la página cibernética (**meditologia.org**) o (**meditology.org**).

Conclusión

Cuando practicas la meditación periódicamente tu capacidad mental aumenta exponencialmente y todos los aspectos de tu vida mejoraran. Este es el regalo que la práctica de *Meditología* te dará.

La paz mental, la felicidad y el éxito, son realidades que puedes disfrutar ahora mismo, en tu entorno, no las dejes escapar. Sólo debes encontrar la voluntad de aceptarlas y cuando lo hagas, disfrutarás el camino hacía todas tus metas y objetivos.

Recuerda que el universo te otorgó el derecho de escoger lo que deseas, para que tú mismo, seas el creador de tu propio destino. Identifica el destino que deseas y recorre el camino que te llevará a el. Yo sólo puedo mostrarte el comienzo del camino, pero tú, beberás recorrerlo hasta llegar a la culminación de tus propios sueños.

Fin

Agradecimiento al lector

Deseo darte mi más sincero agradecimiento por seleccionar *El Regalo* como material de crecimiento personal y haber invertido tu valioso tiempo en la lectura de esta obra.

Yo espero que esta información ayude a enriquecer tu vida, tanto como ha enriquecido la mía.

Que la dicha, el amor y la abundancia estén contigo, te desea,

Allen C. Sueiro, Autor

Glosario

Aceptación: El hecho de aceptar la condición actual de nuestra vida. Identificar y reconocer tu posición o trayecto de vida y aceptarlo sin condiciones.

Admisión: La acción de aceptar o reconocer la realidad de uno mismo.

Aeróbico: Ejercicios para el desarrollo del sistema cardiovascular y la resistencia corporal en general.

Afluencia: Crecimiento en riqueza o abundancia de algo que trae bienestar a la vida.

Alegría: Sensación de bienestar emocional acompañada con un sentido de placer o satisfacción.

Alma: La percepción pura de tu existencia. Esta es la parte de nuestra conciencia que percibe nuestra existencia sin las influencias de nuestro Ego o nuestra Historia.

Ambición: Deseo por el cual se emprende un proceso de mejora o cambio.

Autocontrol: Capacidad de controlar o regular tus propios pensamientos, emociones o conducta.

Balance: El punto donde fuerzas opuestas se neutraliza una a otra para crear un estado de armonía y bienestar al poseedor de estas.

Calistenia: Tipo de ejercicio físico de corta duración.

Cierre: Paso para finalizar con la sesión de meditación.

Control: Poder decisivo de dirección, acción o relajación.

Destino: Estado de situación en el futuro que puede ser determinado por los eventos y las acciones del presente.

Dimensión: Renglón de tiempo, espacio o materia donde la existencia de algo es posible.

Dinámicas: Renglones de la vida en los cuales se desenvuelven los seres humanos para satisfacer sus instintos y necesidades.

Disciplina: Método estructurado para llevar a cabo un arte y cumplir con un propósito definido.

Ejercitación: Movimientos físicos para desarrollar la capacidad corporal.

Emoción: Sentido propio de condición o percepción de estatus mental del individuo. Relacionado a la perspectiva individual de lo personal, como estar triste, alegre o furioso.

Entorno: El presente que vives y que experimentas ahora. El transcurso de tu presente a través del tiempo.

Espiritualidad: Creencia en una entidad abstracta que adopta el cuerpo durante la vida natural del mismo.

Estado Claro: Estado de claridad mental, satisfacción y paz en el cual podemos experimentar la felicidad verdadera y realizar nuestros sueños y objetivos.

Existencia: El echo de ser parte de alguna realidad o de existir de cualquier manera o forma en alguna dimensión. La existencia del Alma antes o después de la muerte.

Experimentar: Pasar por la experiencia de un evento o una acción. Probar, sentir o intentar algo.

El Secreto: Publicación literaria que expone una teoría esotérica sobre la predisposición.

Felicidad: Estado emocional de tranquilidad, satisfacción y paz, acompañado de una visión optimista y de bienestar hacia el futuro.

Filosofía: Estilo de pensamientos con el propósito de ilustrar un método lógico de proceder.

Forma: Método corporal de proceder en el proceso de meditación.

Fuerza: Potencial de aplicación de poder o esfuerzo necesario para comenzar o mantener alguna acción o materia en evolución o movimiento.

Fundamento: La base de origen de un concepto, técnica o teoría.

Gradiente: Ascenso gradual o escalonado. Crecimiento paulatino o en etapas.

Gratitud: Dar gracias o sentir gratitud por tu estatus a una fuerza mayor, a tu prójimo o a ti mismo. Sentirse afortunado en tu condición de vida y expresarlo de alguna forma.

Historia: Conjunto de todas las experiencias de vida de un ser humano.

Inteligencia: Capacidad intelectual de resolver, crear, manipular, deducir o grabar escenarios abstractos en la mente y aplicarlos en la vida real.

Libertad de Pensamiento: tener la opción de escoger nuestros pensamientos y experiencias para ser creativos, formular ideas propias y mantener la objetividad.

Mantra: Repetición de palabras, ideas o conceptos con el propósito de internalizar o grabar los mismos en tu conciencia.

Meditación: La acción practica de razonar y reflexionar en ideas o conceptos que deseamos evaluar, adoptar o modificar.

Meditación básica: Combinación de relajación y tensión física para condicionar la mente al proceso de meditación.

Meditación controlada: Método pre-estructurado de meditación profunda utilizado específicamente para alcanzar el estado mental Claro.

Meditología: Estudio y práctica de la meditación. Disciplina compuesta por la unión de varias y filosofías, desarrollada con el propósito de incrementar el potencial del ser humano en todas las áreas de su existencia.

Secuencia: Orden predeterminado o específico de proceder.

Sufrimiento: Estado o sensación emocional de, depresión, desesperación o ansiedad con expectativas detrimentales y pesimistas hacia el futuro.

Supervivencia: La continuación de una forma o especie dentro del esquema de vida y el universo.

Objetivos: Resultado o condición especifica que deseamos alcanzar o completar.

Oración: Método de comunicación espiritual.

Paciencia: Capacidad de esperar con calma y tranquilidad el momento mas apropiado para actuar.

Paz Mental: tener una conciencia libre de conflictos o preocupaciones mientras te desenvuelves en tu entorno o tu vida diaria.

Pensamientos: Representaciones abstractas creadas por la mente para proyectar o visualizar ideas y conceptos.

Percepción: Entendimiento o conclusión sobre alguna situación o condición de la vida acompañada de emociones.

Perdón: Vivir en paz y armonía con las experiencias pasadas y presentes que te han causado dolor emocional, sin experimentar sentimientos negativos al recordarlos.

Plasticidad: Capacidad de adaptarse a cualquier cambio, situación o condición con facilidad y rapidez.

Posición: Postura estática del cuerpo en el proceso de meditación.

Postura: Posición estática del cuerpo en el proceso de meditación.

Prácticos: Ideas con carácter de ejecución y repetición física.

Predisposición: Proyectar o visualizar experiencias futuras y considerarlas ciertas desde el presente en que se crean.

Primitivos: Pertenecientes a un período evolutivo del hombre en el pasado.

Propósito: Razón o resultado deseado por el cual se ejecuta alguna acción.

Prosperidad: Mejora de condición o calidad de vida a través del tiempo.

Proyección: Visualización mental de situaciones o pasos que llevarás a cabo para cumplir una visión o propósito.

Razonalización: Proceso intelectual de deducción. Razonar para encontrar o revelar una realidad.

Realidad: Percepción de hechos y situaciones que aparentan ser ciertas o reales a través del tiempo.

Reconocimiento: El proceso de discernir e identificar una realidad.

Recuento: Repetición imaginaria de eventos y situaciones del pasado.

Reflexión: Proceso de evaluación y aprendizaje de un concepto o idea. Uso del razonamiento para llegar a una conclusión lógica.

Relajación mental: Abandonar el esfuerzo del pensamiento y el conflicto de nuestros pensamientos.

Religión: Doctrina de vida que ha sido estructurada con el propósito de establecer un estilo particular de vida y creencias específicas.

Requisito: Elemento necesario para completar alguna idea o materia.

Respiración controlada: Forma de respiración que es lenta y profunda.

Taichi: Disciplina diseñada para el desarrollo mental y corporal.

Técnicas: Conjunto de pasos o métodos utilizados para alcanzar o lograr un objetivo.

Tiempo: Movimiento constante del entorno dentro del universo y la percepción de este movimiento por el intelecto de los seres vivos.

Transición: Movimiento de una posición o postura a otra.

Yoga: Disciplina diseñada para el desarrollo mental y corporal.

Vida: Agrupación de actividades o facetas por las cuales los seres humanos sentimos una atracción o una necesidad instintiva de experimentar dentro del tiempo y el espacio de nuestra existencia física o biológica.

Visión: Representación mental del futuro de acuerdo con tus deseos o tu proyección mental del futuro según tu intuición lo representa.

Voluntad: Fuerza divina o poder unido al deseo de crear o lograr algo.

Zona: Estado temporero de claridad mental extrema, en el cual la acción del individuo se desenvuelve sin esfuerzo y aparenta ser guiada por una fuerza divina.

Para otras definiciones favor de accesar el diccionario cibernético (**worldreference.com**)

Para exponer sus comentarios, recomendaciones o criticas favor de accesar (**meditología.org**)

REFERENCIAS

Dinamic Yoga
Por: Godfrey Devereux
Inteligencia Emocional
Por: Doris Martin y Karin Boek
El Monge que vendio su ferrari
Por: Robin Sharma
Dianetica
Por: L Ronald Hubbard
La Estrategia del dragon
Por: Analia Labbate y Karina Qian Gao
El Secreto
Por: Rhonda Byrne
Meditación Práctica
Por: Steve Hounsome
EL arte de la guerra
Por: Thomas Cleary
EL arte de la guerra 2
Por: Thomas Cleary

La perfección del yoga

Por: A.C. Bhaktivedanta Swami Prabhupada

Gane amistades y ejerza influencia

Por: Dale Carnegie

El camino a la felicidad

Por: L. Ronald Hubbard

Las Siete Leyes Espirituales

Por: Deepak Chopra

La voz del Conocimiento

Por: Don Ruiz

Los Cuarto Acuerdos

Por: Don Ruiz

Las Dinámicas de la vida

Por: L. Run Hubbard

El vendedor más grande del mundo

Por: Og Mandino

El vendedor más grande del mundo 2

Por: Og Mandino

El alquimista

Por: Paulo Coelo

Buda Para Principiantes

Por: Stephen Asma

El Poder Total de la Mente

Por: Donald L. Wilson

El Enigma de las almas Gemelas

Por: Judy Hall

Las ocho claves del liderazgo

Por: Robin Sharma

Hypnosis for Beginners

Por: William W. Hewitt

La Ciencia de la Influencia

Por: Kevin Hogan

Blink

Por: Malcom Gladwell

La Maestría del Amor

Por: Don Ruiz

Cuerpo Limpio y Mente Clara

Por: L. Run Hubard

A New Earth

Por: Eckhart Tolle

The Power of Positive Thinking

Por: Norman Vincent Peale

www.ingramcontent.com/pod-product-compliance
Lightning Source LLC
Chambersburg PA
CBHW061359280526
45784CB00001B/304